MANIFESTARTE

El arte de manifestar la más alta expresión de ti mismo

MANIFESTARTE

El arte de manifestar la más alta expresión de ti mismo

PAOLO PASTRANA

PAOLO PASTRANA

MANIFESTARTE
El arte de manifestar la más alta expresión de ti mismo

México, 2022

Maquetación: Cynthia Piñón
Portada: Carlos Gómez Farías Abbud

Índice

PREFACIO

Este libro es mi forma de contribuir a la humanidad. Después de un amplio proceso personal, a través del cual transformé mi vida y la puse al servicio de los demás, llegué a la conclusión de que era indispensable compartir la práctica y el conocimiento que me llevaron a la realización personal, lo que para mí significa una sensación de plenitud espiritual, a través de una consciencia de abundancia y prosperidad en amor, salud, riqueza y libertad. Este libro pretende guiarte desde un nivel "básico" y bastante digerible, que irá elevándose poco a poco junto contigo, hasta alcanzar un dominio absoluto de tu propia realidad, transformándote en lo que llaman *mago*, pues serás dueño y señor de tu vida, de un modo que parecerá inexplicable para otros. El camino consta de doce fases que deberás llevar a tu ritmo, sin presionarte, pero tomándolas con seriedad para lograr un verdadero vuelco en tu vida hacia el gozo absoluto de una experiencia mucho más hermosa, basada en el amor.

Te comparto que yo fui llamado de diversas maneras desde temprana edad. A partir de los doce años el universo me invitaba a conocerlo, aunque me rehusé, hasta que a los veintisiete años de edad, quince años después y siendo padre de dos pequeños, me enfrenté a una crisis económica muy fuerte de la que hablaré más adelante. Dicha crisis me impulsó a conectar con mi interior para escuchar las señales que llegaban a mí y así fluir con el cosmos, manifestando en poco tiempo la realidad que siempre anhelé, con una bella familia que se extiende hasta mágicas amistades, independencia financiera, éxito profesional, armonía en mi cuerpo físico; pero sobre todo, el experimentar la verdadera libertad, que reside en *Ser*.

El libro te llevará a revelar que el único responsable de tus circunstancias eres tú, y te recordará cómo esa consciencia representa un gran poder en tus manos, porque de la misma manera que en algún punto te has llevado al sufrimiento, podrás llevarte de forma completamente consciente a la dicha y a un constante crecimiento personal.

Te acompaño en este viaje mágico hacia tu máximo potencial. Estoy contigo a cada segundo, ya que soy libre de tiempo y espacio; algo que aprenderás a lograr también, si prestas atención y pones en práctica el material que tienes hoy en tus manos. No es casualidad que haya llegado a ti, ya que el leerlo en este preciso momento, quiere decir que estás listo para emprender el maravilloso camino hacia la más elevada expresión de ti mismo.

INTRODUCCIÓN

Emprendamos oficialmente este maravilloso camino hacia tu YO ideal, refiriéndome tanto a tu persona, como al entorno que emana desde tu interior (esto lo comprenderás más adelante). Primero, te extiendo tanto mi gratitud por depositar tu confianza en mí, como mi reconocimiento por creer en ti y buscar llegar a una versión más elevada de ti mismo. Como te comentaba en el prefacio, este libro es una forma en la que he logrado trascender el tiempo y el espacio, ya que mi energía te acompañará mientras lo lees. Por lo tanto, te invito a presentarte brevemente de manera mental conmigo, esto nos permitirá tener una relación más entrañable en consciencia, mientras recorremos esta senda.

∾

Este es un camino que te llevará a un punto espiritual elevado, por lo que es indispensable estar abierto a crear una buena relación con Dios, o cuando menos tener la intención de darte esa oportunidad. Como acabas de notar, suelo usar la palabra "Dios", por si te causa algún tipo de resistencia, te invito a cambiarla mentalmente por algo funcional para ti: *Ser Superior, Universo, Creador, El Todo*; lo que tú elijas está bien. Esta senda no tiene nada que ver con religiones, al menos no con una intención inductiva. Si llego a mencionar alguna, será para crear consciencia de que todo camino que lleva al amor puede considerarse el adecuado. Yo crecí en una familia católica, lo cual fue un factor importante en mi crecimiento espiritual, por lo que probablemente me apoyaré un poco en ello para reforzar ciertos puntos. Aclaro que hoy no me etiqueto bajo el título de ninguna religión; soy un buscador de la verdad y un genuino promotor del amor universal.

Una vez dicho esto, y antes de contarte un poco más sobre mí, procedo a hacer de tu conocimiento que existen unos pequeños lineamientos para iniciarte en este proceso:

- El primero de ellos es que te asegures de que tus intenciones son honorables y amorosas. Este material pondrá en tus manos el poder para transformar tu entorno a tu antojo, pero si en algún momento te surgen pensamientos de usarlo para dañar a otra persona, te harás más daño a ti mismo, por lo que no te recomendaría continuar leyendo, ya que sólo deseo dicha y gozo para ti, y en ese caso la ignorancia podría ser una bendición más excelsa para tu vida. Siempre que tus intenciones sean armoniosas, es seguro proseguir.

- El segundo es hacerte consciente de que ahí adentro, en las profundas cavernas de tu mente, existe un pequeño monito, un changuito adorable pero un tanto necio, que vive aterrado y se esconde de la luz. Es una criatura que lleva mucho tiempo en la oscuridad, y la luz puede lastimarle, por lo que hará hasta lo imposible por detenerte y sabotearte conforme vayas avanzando. Probablemente te llenará de dudas, miedos, pereza, soberbia, incredulidad, burla, desconfianza, desidia y desesperanza, entre otros terribles intentos de bloqueos y barreras. Es completamente normal y es indispensable que lo sepas para que puedas atraparlo y, con amor, invitarlo hacia la luz junto contigo. La compasión será tu mayor aliada. Evita molestarte con él, velo con amor, pues es una parte maravillosa tuya que lamentablemente ha aprendido que el entorno es hostil y le cuesta trabajo darse cuenta que si lo elige, puede encontrar la magia de un mundo hermoso. A ese monito querido le llaman "Ego", pero tú puedes bautizarlo como prefieras. Tenle paciencia, después de todo, es sólo un monito. Sólo recuérdale constantemente que el camino que ha elegido hasta ahora, no pertenece al amor.

- El tercer lineamiento es invitarte a hacer de este un proceso personal, de completa introspección. Evita que energías ajenas se involucren en él, después de todo, este camino es para tu Ser, no para alimentar a tu Ego y no habrá necesidad de presumirlo. Puedes, por supuesto, recomendar este libro; sin embargo, procura reservar para ti tus propias experiencias hasta que lo hayas concluido. Más adelante comprenderás el por qué.

- El cuarto lineamiento va ligado al anterior. Al ser un proceso personal, te invito a respetar tu propio ritmo. Evita forzarte, date tiempo para asimilar la información, conviértelo de preferencia en una experiencia, para que no sea una simple lectura que quede en un libro más. Tu ritmo es perfecto y será lo mejor para ti.

- El quinto y último es que, de ser posible, evites prestar tu libro. Guárdalo para ti, de modo que le permitas vibrar en sintonía con lo más profundo de tu Ser, pues este conjunto de hojas será tu fiel compañero en tu trayecto y se volverá testigo de tu progreso, así es que cuídalo de energías ajenas.

Ahora sí, permíteme presentarme formalmente y hablarte un poco sobre mí.

Mi camino hacia un despertar espiritual comenzó realmente a los diecisiete años de edad, aunque siguió siendo intermitente hasta diez años después, cuando una crisis económica me impulsó a trabajar rigurosamente en mí mismo.

Para comprender este suceso es importante platicarte un poco sobre mi padre, Marco Antonio Pastrana de la Portilla, un exitoso empresario mexicano, quien siempre nos remarcó que el éxito y la fortuna llegan en plenitud por medio de la honestidad y se experimentan intensamente a través del gozo por la vida. Para él no había imposibles, hasta la fecha aún resuenan en mi corazón dos frases que repetía constantemente: "si fuera fácil, cualquiera lo haría", refiriéndose según creía yo al emprendimiento, pero tiempo después comprendí que tenía que ver con la realización personal. La otra: "Lo difícil, cuesta trabajo. Lo imposible, un poquito más". Con esa bandera y herencia de programación mental nos lanzamos todos sus hijos al mundo.

Sin embargo, cuando yo tenía catorce años, mi padre falleció. Es de gran relevancia resaltar que, en 1990, teniendo yo tan sólo un año de edad, mi padre fue sometido a una intervención de pecho abierto, un trasplante de corazón para ser más específico, el cual superó y sobrellevó con éxito, resurgiendo con un renovado júbilo y gozo por la vida. Si hoy preguntas a alguien qué recuerda de mi papá, es raro que te mencionen su éxito profesional o fortuna económica, más bien te dirán que recuerdan su aprecio por todas las formas de vida, su emoción constante al disfrutar el mundo, su educación y su finísimo trato con las personas. Me tomó años darme cuenta de que su ejemplo fue su verdadera herencia para mí.

Cuando mi padre falleció, trece años después del trasplante –un verdadero récord para esa época–, se presentaron diversos eventos familiares que generaron un punto de quiebre en nuestra familia. Hubo divisiones, que tuvieron como consecuencia una dura repercusión económica. De experimentar una alta calidad de vida, abundante y con inmensos lujos, pasamos a vivir en un ambiente de terror a la incertidumbre, llegando al punto de no poder ofrecer un vaso de limonada a mis amistades, porque los limones estaban contados para la familia –hasta la fecha, uno de mis amigos me lo recuerda entre risas, con un amistoso tono de burla–. Sin embargo, gracias a Dios –quien fue la fortaleza de mi madre, quedando muy grabada en mi mente también la frase "Dios provee"–, mantuvimos una calidad de vida muy cómoda.

Era simplemente ese miedo que se hacia presente el que creaba ciertas limitaciones. Recuerdo muy bien, en esa época, haberme dicho para mis adentros que me aseguraría de que mis hijos jamás pasaran por una situación como esa.

Desde temprana edad, mi pensamiento se centró en el futuro, en qué iba a hacer al respecto para crear esa posibilidad, llevándome a trabajar en la agencia de publicidad más importante del país con apenas veinte años de edad. Después de cuatro años de trabajar en el medio creativo, comencé a desarrollar ideas de negocios y a buscar inversión. A la par empecé a formarme como entrenador ontológico, oficio comercialmente conocido como "*coaching* de vida". Durante ese lapso, manifesté una de las bendiciones más grandes de mi existencia: ser instrumento para traer una nueva vida al mundo.

Esta noticia me motivó para apresurarme a terminar mis estudios y elegí pausar la búsqueda de inversión para generar un ingreso más acelerado, prestando mis servicios de comunicación de manera independiente, lo cual aún hago hasta la fecha, aunque ya no es mi enfoque principal.

A los veintiséis años, ya siendo padre de familia y con un segundo bebé en camino, experimenté una crisis económica, la cual se vio reflejada en mi cuerpo con una taquicardia que persistió de manera constante durante un mes continuo, que fue el tiempo que tardamos en resolver la situación.

Sin embargo, un año después, ya como papá de dos varones y exactamente por las mismas fechas, una segunda crisis me azotó, representando un nuevo punto de quiebre en mi vida y momento decisivo, a través del cual vi claramente dos caminos: hacer algo por mí a un nivel profundo o correr el riesgo de caer desplomado de un infarto, dado mi "historial genético" (lo pongo entre comillas, porque después descubrí que no era mas que una creencia limitante más).

Inmediatamente comencé a desempolvar todo el conocimiento que había llegado a mi vida hasta el momento y me dispuse a ponerlo en práctica. Causalmente se presentaron también nuevos maestros en mi vida en ese momento. La situación económica mejoró al cabo de un mes nuevamente, pero esta vez estaba decidido a seguir creciendo interiormente. Después de dos meses, me di cuenta de que mi crecimiento personal se iba reflejando en mi economía.

Entre más me adentraba en mí mismo, notaba un mayor flujo y de manera más acelerada. Las oportunidades comenzaron a manifestarse como "por arte de magia". Aprendí que entre más me esforzaba, más limitado se veía el flujo, y entre más confiaba, llegaba de manera más recurrente y sustanciosa. Después fui notando también cómo ese mismo crecimiento personal impactaba positivamente en otras áreas de mi vida, hasta alcanzar en menos de dos años una increíble sensación de realización personal, experimentando una genuina plenitud, certeza y gran confianza en Dios. Comencé a verlo obrar, fui testigo de Su creación y me volví partícipe de ella. Transmuté la incertidumbre en júbilo, ya que cada vez que se presentaba, sabía que era un momento para renovar mi confianza y apertura a la inmensa afluencia del Universo, develando gratificantes sorpresas. Entonces comprendí que todo evento positivo en la vida es un regalo del universo y vale la pena disfrutarlo estando completamente presente, pero más importante, comprendí que lo que yo juzgaba de "malo" es también un regalo, incluso más grande, ya que adquirir el aprendizaje que viene con ello, nos acerca más al Amor y eso nos lleva a crecer, mejorando todavía más el entorno que nos rodea.

Hoy puedo decirte que gozo la bendición de ser padre de tres hermosos seres humanos. Siempre quise traer al mundo a dos varones y una niña, en ese orden, los cuales ya forman parte de mi vida, incluso en la diferencia de edades que los imaginaba, fruto de una relación de pareja como siempre la soñé, con la mujer que siempre anhelé, quien ha sido una gran maestra para mí, sobre todo en referencia a la impecabilidad de palabra y pensamiento. Mi amor por ella me ha llevado a madurar, a ampliar mi contexto y a crecer personalmente.

Hoy me dedico a todo lo que antes sólo figuraba en mis sueños, permitiéndome experimentar el estilo de vida que siempre busqué. Como te compartía un poco atrás, presto servicios de comunicación, pero a la vez imparto conferencias y talleres de superación personal, con los cuales he ayudado a recordar a miles de personas, cómo expandir su consciencia y vibrar en amor. De vez en cuando desarrollo proyectos alternos, pero, sobre todo, cumplo mi sueño más grande a través de este libro, que es ser escritor.

Hoy experimento lo que es la verdadera libertad, que diferente a lo que se cree, va mucho más allá de sólo ser dueño de tu tiempo, estableciendo horarios y vacaciones a tu gusto. La libertad genuina tiene que ver con mantener tu llama encendida, haciendo algo que amas, en servicio a los demás, entregando tu don a un propósito más grande que tú.

Cuando llegas a ese punto, dejas de "trabajar", para dedicarte a algo mucho más gratificante que cualquier pasatiempo, mucho más valioso que cualquier posición privilegiada en una empresa o sociedad. Y lo que pocos ven (por elegir permanecer en su zona de confort), es que esa misma realización personal te lleva a mantener tu cuerpo en óptimas condiciones. Los dolores, malestares y enfermedades, como recordarás con este libro, provienen de bloqueos y limitaciones mentales que no te están permitiendo escuchar y realizar tu llamado interior.

Todo esto que te comparto es para mostrarte que sí se puede. Yo no me considero superior a otros en capacidades, pero tampoco atribuyo mis logros a la suerte. La responsabilidad absoluta me ha llevado a entender que Yo soy quien creó las oportunidades, y pienso firmemente que si esto ha sido posible para mí, lo es para ti. Sólo requieres tener la intención de superarte y la apertura para ir profundo. Lo demás es un efecto de esa causa.

Por ello elegí escribir este libro. El conocimiento y las posibilidades que encontrarás en él no podían quedar sólo en mis manos. Yo vivo para servir, y qué mayor aporte a la humanidad que compartir lo que me permitió transformar mi propia vida. Este conjunto de partículas que hoy sostienes entre tus manos está cargado de esa intención, tiene el propósito de mostrarte todo lo que llevé a cabo para elevar mi vida a su punto de máxima expresión.

Reitero que estoy completamente convencido de que si yo pude, tú también puedes, siempre que lo tomes con seriedad y lo apliques realmente en tu vida. Esto no es un juego, se trata de acceder a las entrañas de la creación para volverte parte de ella, que hagamos el camino ameno es algo diferente.

Ahora, notarás que uso mucho la palabra *manifestar*, si no estás familiarizado con ella, para el contexto de este libro me refiero a crear, materializar, proyectar o bajar la realidad del plano sutil al físico, y eso es lo que recordarás cómo hacer a través de este libro, el cual dividiremos en tres módulos:

- El primero te llevará a reconocer el poder de tus palabras para dar un primer paso hacia la reinstauración de tu herencia cósmica, que es el poder de crear. Recordarás tu propósito en la vida y la joya que elegiste traer para realizarlo. Romperás creencias limitantes en relación a la riqueza, volviéndola un concepto espiritual, con lo cual desbloquearás tu prosperidad y abundancia. Finalmente, recordarás cómo manejar la energía del dinero a tu favor, para que dejes de estarlo persiguiendo y le permitas llegar a ti por su propia cuenta.

- El segundo módulo te recordará cómo alinear tus cuatro cuerpos básicos (físico, emocional, mental y espiritual), con la versión más elevada de ti mismo o a lo que llamaremos tu "yo ideal". Comenzarás a valorar tu cuerpo físico para que nazca de tu corazón el cuidarlo desde el amor, llevándolo a su punto máximo de expresión en salud y estética, si así lo deseas. Ahora sabrás manejar tus emociones para que no repercutan en tu cuerpo físico y cómo prevenir malestares desde la frecuencia vibratoria del amor, con lo que podrás también manifestar una relación de pareja espectacular al sintonizarte con esta misma energía. Después recordarás que tu realidad es una proyección de tu mente y pondrás en práctica ejercicios que te permitirán limpiar tu pensamiento para manifestar un entorno armonioso. Finalmente, aceptarás la magnitud de tu Yo espiritual, reconociéndote como un Ser multidimensional e ilimitado, logrando entablar una conversación real con un tú que es paralelo a ti (el cual se encuentra viviendo ya todo lo que anhelas en la vida), con el fin de pedirle una guía directa para encaminarte a ese punto focal de consciencia.

- El tercer módulo es el más importante, ya que será el punto en el que el amor se convertirá en el centro de tu experiencia espiritual. Para llegar a ese momento será indispensable haber concluido los módulos anteriores y encontrarte encaminado hacia la realización en salud, riqueza, libertad y amor. Este tercer módulo requiere ese balance para liberar todo tu poder, convirtiéndote en heredero en vida de las propiedades creadoras de Dios, con lo que podrás operar tu realidad de manera consciente. En este módulo ingresaremos a una experiencia espiritual muy elevada, donde asimilarás e incorporarás nuevas verdades a tu sistema de creencias que abrirán tus puertas a la inmensa afluencia del universo, para operar la magia blanca de manera responsable. Cabe resaltar que este tipo de magia proviene del amor y es algo maravilloso, completamente opuesto a lo que la cultura y la ficción enseñan. Tú serás un mago, genuino alquimista, capaz de trabajar en alianza con tu Ego para manejar tu energía y tu mente de manera consciente. Esto es algo muy serio y no debe ser tomado a la ligera. Si tus intenciones para operar este tipo de consciencia son honorables y amorosas, estarás bien y cada vez mejor. Dentro de tu imperfección humana, serás capaz de crear y realizar todo lo que siempre has anhelado desde tu corazón. Pero si tu intención te llevara a crear, deliberadamente, cosas que perjudiquen a terceros, te harás más daño a ti mismo; y en ese caso, no te recomendaría seguir leyendo este libro, pues el nivel de consciencia que alcanzarás conlleva una gran responsabilidad.

Debes saber que, para emprender este camino, será indispensable que te encuentres intencionado a desaprender todo aquello que te ha limitado por tanto tiempo, estar dispuesto a aceptar que las cosas tal vez no son como creías y que el mundo es quizá más maravilloso de lo que siempre has pensado. Esta simple intención te llevará a adquirir una nueva noción cargada de posibilidades, que ampliará tu caja de creencias hasta alcanzar la concepción de una realidad más elevada para ti y para aquellos que te rodean. Así es que comenzaremos por integrar los siguientes conceptos y herramientas a tu sistema:

Seguro has escuchado antes sobre la *Víctima*, una persona que es incapaz de valerse por sí misma, que todo el tiempo señala y afirma que constantemente la están atacando, como si todo el mundo estuviera en su contra, tratando de hacerle la vida imposible. Ella no hace, los demás le hacen. Todo es culpa de otros y sus desgracias están relacionadas con algo externo, se queja constantemente, ya que siempre hay algo afuera que causa su sufrimiento.

Por el contrario, está la persona *Responsable*, quien acepta sus circunstancias como propias y se adueña de sus resultados, quien sabe que es causa de sus propios efectos, y por ende tiene la capacidad de cambiar su historia. Quien es responsable, sabe que cuando señala, siempre hay tres dedos apuntando hacia atrás. Es alguien consciente de que absolutamente TODO lo que pasa en su entorno, es un reflejo de sí mismo.

Existe otro tipo de personalidad, que es el *Tomador*, y no es precisamente alguien que tiene un gran gusto por la bebida. El *tomador* es una persona que roba energía, física e inmaterial, pero es raro que lo haga de manera consciente. Son aquellas personas que piden y piden sin dar nada a cambio. Absorben dinero, absorben de tus bienes materiales, absorben tu tiempo, pero lo que es más crítico, absorben tu energía vital. Normalmente son personas de las que huimos, a quienes nos pesa contestarles una llamada o que procuramos ver lo menos posible. Personas que nos desgastan con sus temas emocionales o que simplemente no les para la boca, sin importarles qué tengas que atender en ese momento.

Del otro lado está el *Dador*, quien es una persona que normalmente buscamos, porque es detallista, positiva y alguien que siempre entrega palabras de aliento. Son aquellos que regalan energía, que te motivan o simplemente se siente bien estar cerca de ellos, porque inspiran un gran afecto, sólo por su manera de ser. Son simpáticos, alegres, generosos, humildes y muy agradables en general. El problema es que el dador puede caer en el extremo irresponsable y entregar sin aceptar nada a cambio, lo cual comienza a desgastar su propia energía, al no existir un flujo recíproco entre el dar y el recibir.

Lo que nos lleva al último concepto: la relación *Ganar/Ganar*, que es la ideal y la que buscamos construir. Son relaciones en balance, donde ambas partes reciben y entregan proporcionalmente, en las que todos ganan. Este tipo de relación es funcional en todo nivel, ya sea en lo personal o en los negocios. Un excelente negociador no es quien saca siempre ventaja, sino quien sabe dar a ganar algo proporcional a la parte de quien busca recibir algo.

Además de estos conceptos, usaremos algo llamado la *Estrella de las Relaciones*, que es una herramienta maravillosa, originalmente creada para trabajar con la pareja, y que ha salvado miles de matrimonios, pero puede ser usada en todo tipo de relaciones interpersonales. Es por ello que, para efectos de este libro, le daremos un giro, enfocándola en Dios, en nosotros mismos y en el dinero. La estrella se presenta con una figura de seis puntas, como la estrella de David. Cada punta tiene un significado: afinidad, atracción, responsabilidad, realidad, comprensión y comunicación. Lo mágico de esta herramienta es que cuando sientes que una relación se está apagando, basta con poner atención a una de sus seis puntas para que la estrella completa, que representa la relación, vuelva a iluminarse.

Con estas bases, me parece que estamos listos para adentrarnos en el primer módulo. Ahora sí comenzaremos a trabajar en forma. Asegúrate de haber asimilado bien los términos que revisamos y de contar con los requisitos mencionados para iniciar la enseñanza que viene a continuación. Toma en cuenta que algunos términos podrán sentirse un poco confusos en el inicio, pero conforme avancemos te irás familiarizando con ellos, haciendo la lectura cada vez más ligera. Comenzaremos con temas a los que probablemente tu mente ya esté acostumbrada, para empezar a moldearla con suavidad.

CAPÍTULO 1
LA HERENCIA CÓSMICA

Comencemos por recordar las bases de la manifestación. Esta información que veremos ya es de dominio público, sin embargo, aquí conocerás su trasfondo, por lo que es importante abordar primero la *Ontología del Lenguaje*. Para comprenderla, debemos repasar en sí lo que es la *Ontología*, la cual es una rama de la filosofía, proveniente de la antigua gracia, que se ocupa de reflexionar sobre el "ente", aquello que vive o que simplemente es (el Ser). La *ontología del lenguaje* es una modernización de esa filosofía. Por su parte, sostiene que el *ente* no es, sino que está siendo, ahora, en este momento, significando que tiene la capacidad de transformarse y que no está sometido a una sola forma de ser establecida. Esta filosofía sostiene que el *ente* cambia todo el tiempo y que muta a través del lenguaje, generando diferentes posibilidades o realidades de acuerdo a cada palabra pronunciada, las cuales equivalen a acciones o decisiones, siendo las posibilidades tan sensibles, que pueden cambiar a cada segundo tan sólo con un *sí* o un *no*.

Dado que los humanos somos seres lingüísticos, esta filosofía sostiene que el lenguaje es generativo, creándose los seres humanos a sí mismos a través de la palabra. No podemos decir cómo son realmente las cosas, sólo cómo las interpretamos, y actuamos de acuerdo a cómo pensamos. Al observar lo que una persona dice, podemos revelar su forma de pensar e interpretar la realidad. Por eso, al transformar nuestra perspectiva, cambiamos nuestro mundo, porque cambia nuestro pensamiento, y este cambio comienza con las palabras. La conversación que manejamos es un reflejo de nuestra percepción del entorno. La palabra crea, porque carga nuestro entorno de significado, a través de una interpretación subjetiva, no real, que compone nuestra propia realidad. Según como percibimos el entorno, será el mundo en el que viviremos, lo cual se refleja en todo lo que decimos.

Haciendo esto consciente, podemos transformar nuestra realidad, porque a través de la auto-contemplación de nuestra propia conversación, podemos conocer las limitaciones de nuestra mente y transformarlas al traerlas al consciente.

En resumen:

TODO lo que dices, evidencia cómo moldeas y proyectas el entorno en el que vives. Si quieres adentrarte en la mente de otra persona, sólo escucha su conversación. Si dice todo el tiempo que la vida es difícil, esa es y será su realidad. Por el contrario, si otra persona dice que todo le fluye con facilidad, así lo es y será para esa persona, debido a que su interpretación del mundo genera las condiciones para que todo le favorezca, viendo oportunidades, que quien piensa diferente no ve, porque las suprime para tener la razón de que "las cosas son difíciles" (esto lo entenderemos a un nivel cuántico más adelante).

Revisa todo el tiempo cómo hablas y comienza a ser consciente de lo que sale de tu boca. Tus pensamientos van generando tu realidad, pero tus palabras equivalen a un contrato de sangre con el universo, porque cada vez que dices algo, el cosmos escucha y realiza tus deseos. Si lo que sale de tu boca implica pura desgracia, eso te dará el universo, pues no juzga. Recuerda que tenemos tres niveles de mente:

1. Inconsciente,
2. Subconsciente y
3. Consciente.

La primera equivale a un pensamiento fugaz, sobre apretar o no un botón de un arma nuclear. La segunda equivale a tener una conversación con un asesor de defensa sobre las repercusiones que puede tener dicha decisión. La tercera equivale a la elección de apretar o no el botón y las palabras vienen a ser la acción de apretar el botón, sin vuelta atrás. Por eso es tan importante ser impecable con aquello que pronunciamos.

Pero no te preocupes, mientras vas aprendiendo a escucharte, podrás hacer uso del famoso "cancelado", para borrar el decreto y crear uno nuevo inmediatamente, que sí vaya de acuerdo con lo que quieres para ti, como si existiera un interruptor secreto para desactivar el arma nuclear en la cuenta regresiva, en caso de arrepentirte de tu decisión.

Toma en cuenta que el poder de las palabras reside en su capacidad para generar imágenes en nuestra mente, y de manejar nuestra energía en base al significado subjetivo que le entregamos a cada una de ellas; por eso, cambiar tu conversación es un buen comienzo para cambiar tu pensamiento.

Por otro lado, dado que la mente humana funciona a través de imágenes, es importante traer al consciente que la mente no procesa la palabra "No". Por ejemplo, si dices "no voy a chocar", en realidad estás diciendo "voy a chocar", ya que en tu mente aparecerá la imagen del choque y eso es lo que tu poder creador se encargará de ejecutar en tu mundo. En el momento en el que te percibas hablando en negativo, di para ti mismo "cancelado", y cambia la frase a positivo: "llegaré con bien a mi destino". ¿Ves cómo la imagen cambia?

Ser conscientes de esto realmente nos genera una nueva perspectiva, en la que podemos darnos cuenta de que somos responsables de todo lo que vivimos, ya que nosotros lo creamos a través de la palabra, a partir de todo lo que decimos en automático. Obsérvate constantemente y comienza a cambiar tus palabras, genera una conversación que vaya de acuerdo a lo que sí quieres. *¡Aprieta el botón adecuado, con lo ojos abiertos!*

Nota que has recibido una herencia cósmica enorme, que es el poder de crear. Al ser hijo del más poderoso, abundante y generoso proveedor del universo, quien sólo quiere lo mejor para ti y desea darte todo lo que anhelas, se te ha entregado este poder. Tu Padre te ha otorgado esa bendición porque es puro Amor, pero también te ha dado libre albedrío, ya que la libertad es el mayor fruto del Amor. Él te entrega lo que tú pidas, sin juicio. Si pides oro, no te dará plomo, pero si pides plomo, no te dará oro. Pide y se te dará.

Se consciente de que tú eres parte de Dios, hecho a su imagen y semejanza. No significa que si Dios se apareciera hoy a tu lado, se vería como un humano. Significa que estás compuesto de su energía, de átomos, que son en sí "Su materia", son la manifestación física de Dios. Por lo tanto, tú tienes sus mismas propiedades, también eres creador y al formar parte del Ser más abundante del universo, eres la abundancia misma. Por eso es importante ir quitando todas esas capas que te mantienen en un sueño profundo, para que vuelvas a darte cuenta de la magnitud de lo que eres como ser espiritual, y que este poder fluya naturalmente a través de ti. Sé que se dice fácil, pero para eso estás aquí, vamos a rescatar a ese mago dormido que habita en ti, paso a paso y con delicadeza. Empecemos por ser conscientes de que creamos a través de la palabra y de que el decreto es la base de toda manifestación.

Más allá de la palabra cotidiana, existen conjuros poderosos que nos permiten enviar mensajes con mayor fuerza al universo, al cargarlos conscientemente de una intención poderosa. Por ello, vamos a aprender cómo usar las palabras de manera adecuada para comenzar a transmitir nuestra voluntad con una señal mucho más clara y en línea directa, vamos a limpiar la vía de comunicación.

Para hacer un decreto de manera adecuada, deberemos comprender los siguientes conceptos:

- Primero, hablemos sobre la *Afirmación*, que es todo lo que podemos asegurar que es de cierta forma, dado que ya existe. El mundo es, después podemos afirmar que es de esa manera. Por ejemplo, alguien creó una silla y se la presentó al mundo, les explicó a otros su propósito, su modo de uso, su utilidad, y comentó que le llamaría "silla". En ese momento, todos por común acuerdo, lo aceptamos y lo incorporamos a nuestro concepto de realidad o caja de creencias. Una afirmación es aquello que podemos determinar con total certeza que es verdad, sobre todo porque ya lo hemos visto materializado.

- Segundo, hablemos sobre la *Declaración*, que es todo lo que determinamos que será de cierta manera antes de que exista. Las declaraciones son en sí las que van moldeando y manifestando el mundo como lo conocemos. Alguien tiene que declarar primero que algo va a suceder, para que pueda verse hecho realidad después. Por ejemplo, quien creó la silla debió tener alguna visión primero para decidir crearla, identificó una necesidad y declaró que la resolvería. Seguramente se hartó de sentarse en piedras o en el suelo y en su deseo de comodidad, trajo un bien al mundo. Pero para ello primero tuvo que declarar que crearía el objeto de su visión. El problema es que la mayoría de las declaraciones se quedan en el aire, no llegan a concretarse por diversas causas. Justo ahí entra el último concepto.

- El *Decreto* es una declaración cargada de intención y poder creador. Implica convertir la declaración en afirmación. Decir que algo va a ser de cierta manera con absoluta certeza de que es verdad, sabiéndolo posible y realizable en nuestra mente. Todo es posible, las limitaciones están en nuestra cabeza, somos nosotros quienes nos frenamos por miedo o incredulidad. Para ejercitar tu certeza y lograr emitir declaraciones poderosas, requieres decretar dentro del margen de tu caja de creencias primero, tirando la piedra cada vez un poco más lejos. Esto significa que, si para ti es más realizable ir a una playa cercana dentro de un año, que ir al otro lado del mundo en un mes, entonces échate la mano y declara que irás primero a la playa. Si quieres retarte un poco, acorta el tiempo a nueve o seis meses. Una vez que lo realices, tu caja de creencias se ampliará, tu mente se expandirá, se dará cuenta de que puede realizar lo que se propone, y entonces podrás decretar algo un poco más extraordinario, y así sucesivamente conforme vayas alcanzando cada logro. Cuando menos lo esperes, te encontrarás realizando todo lo que anhelas con facilidad, incluso cosas que nunca llegaste a imaginar. Si comienzas por decretar metas que para tu mente aún parecen imposibles o inalcanzables, solamente te darás la razón de que "es difícil" y de que esto "no sirve". Nada es imposible o inalcanzable, pero si tú lo crees de esa manera, jamás saldrás de esa realidad. No permitas a tu Ego reforzar esa creencia tan limitante. Rompe tus barreras mentales con delicadeza. Más adelante te sorprenderás a ti mismo, cuando decidir de un día para otro salir hacia al otro lado del mundo sea realmente una posibilidad para ti. Tu mente se encontrará en otro punto entonces. Comienza a expandirla desde el punto en el que te encuentras ahora, en este momento.

Los decretos o declaraciones poderosas te ayudarán a abrir oportunidades, a lograr que el universo se alinee a tu favor. Sin embargo, será el amor propio el que te llevará a manifestar realmente lo que anhelas, pues te inclinará a tomar decisiones frente a esas oportunidades de manera consciente, para decir "sí" a todo lo que sueñas cuando llegue a tu vida.

Por ello, es indispensable que te abras a recibir tu herencia cósmica creadora, que viene del Amor. De nada te sirve ser hijo del Ser más poderoso y abundante del Universo, si no te llevas bien con Él. Es como si fueras hijo del hombre en el primer lugar de la lista de Forbes y rechazaras tu relación con él. De nada te habrá servido nacer en cuna de oro, si tú mismo te cierras a la bendición de tus circunstancias, a tu herencia por derecho. Vamos a poner en práctica algunos ejercicios que te ayudarán a reforzar o rescatar tu relación con Dios, para posteriormente hacer un decreto o declaración poderosa de manera adecuada. Empecemos por hacer un rápido ejercicio de consciencia:

Te explicaré qué significa cada uno de estos términos en relación con Dios. Tú sólo harás una marca en el lugar de la línea en el que sientes que te encuentras.

Tomador en relación con Dios, significa que estás en un punto en el que sólo pides, exiges y te quejas cuando no sale todo como lo querías. Si te enfocas en querer recibir todo el tiempo de Dios, a tu manera y sin entregar nada de ti, sentirás que las cosas están estancadas, pues te estarás enfocando en lo que no tienes, en lugar de apreciar lo que eres: *el hijo de Dios*.

Dador en relación con Dios, significa que escuchas tu llamado, aquello que Dios quiere realizar a través de ti, y entregas tu luz al mundo en completo servicio, confiando en el suministro de Dios. El problema es que no te permites tomar ese suministro, porque al recibir dinero o cualquier otro tipo de retribución por alguna razón sientes que dejaría de ser "bien visto."

Ganar/Ganar en relación con Dios, significa que vives en balance entre el dar y el recibir con Dios, que confías en su voluntad, que escuchas lo que te dicta a través de tu corazón, y te entregas en servicio a otros. La diferencia con el *Dador*, es que te permites recibir, porque al entregar tanto, te animas a pedir a Dios lo que quieres, pues sabes que está bien ser retribuido por tu labor, dejando que la energía del *Dharma* (Ley Natural) fluya en tu vida.

Pon una marca en el lugar donde crees que te encuentras en la línea, puede ser incluso en medio de dos de los conceptos anteriores y estar más cargada hacia un lado que al otro. Sé completamente sincero contigo, porque este ejercicio te permitirá ver con claridad qué requieres transformar en ti, te ayudará a ser consciente de tu situación en relación al dar y el recibir. Una vez lo hayas hecho, podemos proceder a un ejercicio más profundo.

AFINIDAD

COMUNICACIÓN   ATRACCIÓN

COMPRENSIÓN   RESPONSABILIDAD

REALIDAD

A continuación, te explicaré qué significa cada uno de estos conceptos. Conforme vayas leyendo, anotarás un número dentro de la punta correspondiente que irá del cero al diez, de acuerdo a cómo te calificas en esa área de tu relación con Dios, al final pondrás la suma de tus resultados en el centro. La puntuación total más alta es sesenta. Los significados se muestran a continuación en forma de pregunta:

Afinidad: ¿Qué tanto comparto cosas que disfruto con Dios? Si sientes que no compartes nada de lo que disfrutas con Dios es cero, si por el contrario lo haces presente cada vez que gozas algo, sería un diez. También puede ser un número intermedio, según lo sientas.

Atracción: ¿Qué tanto me atrae la idea de Dios o qué tan fuerte es mi fe? Si te consideras no creyente de una fuerza superior es cero, si por el contrario sientes una gran certeza de que hay algo más grande que tú, sería un diez, o puedes buscar un número intermedio.

Responsabilidad: ¿Qué tanto me hago responsable? Siendo víctima el cero, y el diez, responsable. Ser víctima con Dios implica culparlo por tus desgracias y reclamarle por ellas. Ser responsable es adueñarte de todas tus circunstancias.

Realidad: ¿Qué tanto experimento Su existencia o qué tan real es en mi vida? Refiriéndonos a qué tanto se manifiesta Su presencia en tu vida a través de milagros, causalidades, "Diosidencias", sucesos mágicos, o a través de la apreciación de la creación en la naturaleza.

Comprensión: ¿Qué tanto Lo entiendo o qué tanto comprendo qué es Dios? Si no tienes noción alguna sobre lo que es Dios, sería cero. Si por el contrario crees comprender bien lo que es esta fuerza superior, sería un diez o algún número intermedio.

Comunicación: ¿Qué tanto hablo con Él? Si acostumbras a orar frecuentemente o simplemente tiendes a conversar con Él durante el día, sería un diez. Si por el contrario jamás te diriges a Él ni lo buscas, sería un cero o un número intermedio.

Ahora, tal vez notas que la estrella tiene muchos dieces o por el contrario que está llena de números pequeños, pero recuerda que la maravilla de esta estrella es que, si la relación se ve apagada, basta con trabajar con sólo una punta para que vuelva a iluminarse por completo. Identifica en qué punta saliste más bajo y trabaja con el ejercicio adecuado, según se muestra a continuación:

Afinidad: Lo que disfrutas más, es lo que Dios disfruta a través de ti. Sólo hazlo consciente y agradece todos los días porque lo que amas, es lo que Dios quiere para ti. Usa algo que te lo recuerde siempre: un dije con una carita feliz, un escapulario, una medalla, algo que cuelgue y quede al corazón, que es donde está Dios.

Atracción: Si te sientes distante de Él en este sentido, es porque tu Dios no es el Amor. Comienza a hacer consciente que Dios tal vez no es el tirano que te han enseñado, sino puro y maravilloso Amor. Te recomiendo leer *"Ami, El niño de las estrellas"* de Enrique Barrios.

Responsabilidad: Haz un ejercicio de introspección para ver cuántas veces lo señalaste y culpaste durante una semana, y voltea las cosas a tu lado responsable. Observa qué tenías que aprender de ello y perdónate diciendo: "lo siento, no soy perfecto, aprendo y me perdono."

Realidad: Crea una bitácora de milagros y empieza a documentar aquellas *Diosidencias* o causalidades que presencias cada día o tómate cinco minutos para apreciarlo en la naturaleza, en el cielo estrellado, en tus hijos o en los demás.

Comprensión: Este libro te va a servir para ello. Entre más trabajes contigo y más profundo entres en ti mismo, más entenderás qué es Dios.

Comunicación: Haz oración o escribe una carta a Dios, crea el hábito de comunicarte con Él de la forma que te sea más ligera, y hazlo regularmente como si hablaras con un gran amigo.

Practica el ejercicio correspondiente a la punta en la que has salido más bajo, enfócate sólo en esa, no te cargues de actividades. Es más, te recomiendo atender una punta ahora, entabla nuevamente contacto y refuerza la comunicación con Dios.

Escribe una carta a tu Padre Universal. Si quieres recuperar tu herencia cósmica es indispensable que nazca de ti el hacer las pases o nutrir la relación. Para ello, pídele perdón por lo que sea que sientas necesario hacerlo, agradécele por todas las bendiciones de las que gozas hoy, desde tener un techo, alimento, ropa, hasta poder experimentar lo que es el amor, por tener vida, por todo lo que tú quieras e identifiques como regalos de Dios, y finalmente crea un nuevo compromiso con

Él para mantener esa relación en una condición excepcional de ahora en adelante. Por favor, no continúes leyendo hasta que hayas hecho la carta y el ejercicio que corresponde a tu punta menos iluminada.

Carta a mi Padre Universal

Te pido perdón por...

_____

_____

_____

_____

_____

Gracias por...

_____

_____

_____

_____

_____

A partir de hoy, me comprometo a...

_____

_____

_____

_____

_____

Al concluir, tendrás muy presente la energía de la gratitud. Si es el caso, seguro ya estás impregnado de ella. Esa energía te será de gran utilidad para lo que sigue, pues te explicaré cómo hacer un decreto en este momento:

> Los **decretos** deben hacerse con absoluta claridad, visualizando con detalles lo que quieres; y de ser posible, experimentando con todas tus facultades sensoriales una escena en la que ya esté hecho, antes de plasmarlo en papel. Mientras te encuentres dentro de la escena, cárgate de esta energía de agradecimiento y en tiempo presente, como si ya hubiera sucedido, con certeza absoluta de que ya es una realidad. Después, evocando la energía que vivenciaste dentro de la escena, escribe en pocas palabras lo que deseas. Si lo cargaste con la energía adecuada sentirás cómo una vibración recorre todo tu cuerpo, será una especie de descarga eléctrica, similar a un escalofrío. Te muestro algunos ejemplos de decreto:
>
> · "Yo soy una persona abundante".
>
> · "Yo soy una persona que posee riqueza material".
>
> · "Yo soy padre de familia".
>
> · "Yo soy un ser muy amado".
>
> · "Yo soy una persona libre".
>
> · "Yo soy muy saludable".

Estudia bien lo anterior antes de hacer tu decreto y permite que emane desde tu corazón. Crea el tuyo, los de arriba son sólo ejemplos. Puedes darte cuenta de que el decreto siempre comienza con "Yo soy", debido a que en la creación nada trata sobre obtener o tener, sino de *ser*. Absolutamente toda la materia es extensión de nuestro ser, cuando tú eliges ser algo, como recordarás más adelante, los átomos que componen la materia te obedecerán y crearán las condiciones para materializar aquello que sólo pasará a ser una extensión de ti mismo. Una vez hayas formulado y plasmado tu decreto por escrito, dilo en voz alta, para que funcione como un pacto de sangre con el Universo. Asegúrate de estar en un lugar privado al hacerlo, para que no vayas a sentir después que se te ceba. Basta con que lo digas una vez, con absoluta certeza de que el Universo ya sabe lo que quieres, confía en Dios y déjalo actuar. Estarlo repitiendo solamente te hará gastar energía. Esa necesidad de repetir los mismos pensamientos constantemente nos desgasta y solo evidencia una falta de certeza.

Yo soy... _____

Bien, querido amigo o amiga. En este momento te encuentras un paso más cerca de la vida que quieres. Lo único que puede detenerte, eres tú mismo. Ya sea porque te reúsas a salir de tu zona de confort, porque te aferras a la víctima temiendo hacerte responsable, o porque a tu Ego le aterran los juicios que pueden llegar a ti al ser ahora un foco de atención. A este conjunto de cosas, yo les llamo *parálisis por análisis*, que en el fondo no es otra cosa que miedo al rechazo. Pero atravesar el rechazo puede traer maravillosos regalos a tu vida, si lo sabes transmutar, tales como adrenalina que puede convertirse en empuje y determinación, aprendizaje para valorar lo que es verdaderamente importante en tu vida y fortaleza de mente para que la opinión de los demás deje de influir en tus elecciones.

Antes de continuar con el siguiente capítulo, plasma tu decreto o la visión de la vida que anhelas en imágenes a través de una tabla de visión o "*vision board*". Puedes hacerlo con recortes de revista o en el ordenador e imprimirlo, es igual. Pégalo en una cartulina y colócalo en un lugar donde lo veas todos los días, para que te sirva como un recordatorio de lo que pediste al Universo y como evidencia algún día de que puedes realizar todo lo que te propones.

CAPÍTULO 2
LA JOYA DIVINA

Todos tenemos un propósito de vida, que se presenta como un llamado recurrente desde nuestro corazón. Si de algo estoy seguro es de que no vinimos a este mundo a aplastarnos como patatas inertes a observar lo que realizan los demás. Estamos aquí para imprimir una historia en la creación que toque cientos de vidas, todos y cada uno de nosotros. Unos lo logran, otros no, por algo tan simple y sombrío como no creer en ellos mismos. Si todos lográramos realizarnos, veríamos un mundo utópico nacer, donde no habría enfermedad, ni violencia; donde habría apoyo mutuo, amor incondicional, desapego y abundancia para todos. Pero como estamos aquí para aprender, es indispensable que unos se conviertan en los maestros de otros, ya sea mostrando el camino hacia la realización o metiéndole el pie al prójimo para que tenga la oportunidad de dar un brinco que lo acerque más a su llamado de vida. Quienes no alcanzan a cumplirlo en esta vida, siempre tendrán otras para lograrlo. Pero yo te pregunto, ¿acaso no sería maravilloso realizarlo en esta misma vida?

Dios nos habla todo el tiempo, su voz se experimenta como inspiración y una gran llama de pasión que se activa a través de la intuición. Ese es un llamado que viene del corazón, pero como tenemos libre albedrío, Dios no obliga a su voluntad. Sin embargo, nos recuerda fervientemente cuál es nuestro camino, a qué vinimos y cuál fue la herramienta con la que llegamos para cumplir nuestro propósito, aquella que nos lleva a salirnos del tiempo, convirtiendo horas en minutos mientras la ejecutamos, no sólo para nosotros, sino para quienes nos rodean. Seguro lo has experimentado; si no, lo vivirás en su debido momento.

Lo importante es que comiences a traer a tu consciente que siempre has sabido tu propósito, es ese enorme anhelo que tienes de realizar algo. Así llega a nosotros el Mandato Divino de Dios, así se escucha el susurro de Su voz. Si hasta hoy no lo has realizado, es por uno de los siguientes motivos: o no crees en ti, o no te sientes digno de la gloria, o de plano tu intención de fondo no es servir. Con esto último me refiero a que tal vez tienes un motivo egoísta o egocéntrico, y como Dios es Amor, sólo el camino que armonice en la Unidad con esa hermosa Fuerza Universal te llevará a la máxima expresión de ti mismo.

Tu propósito siempre va a estar relacionado con tocar vidas de manera masiva, ya sea haciendo un bien directamente o apoyando activamente a alguien para que haga un bien a gran escala. Realizar ese anhelo, abrirá las puertas a tus más profundos sueños para que puedan materializarse, ya que activarás tu *Dharma* (tu verdad), y el Universo te retribuirá de manera proporcional. Entre más te entregues en verdadero servicio, más grande será el beneficio, ya que será equivalente a lo que tú des.

Esto tiene un sentido lógico también, si te entregas verdaderamente a los demás, tu energía creará un impacto en ellos, pues además de la excelencia que genera la pasión, el servicio genuino es algo muy escaso y difícil de encontrar, por lo que quien lo obtenga de ti querrá retribuirte con creces y se sentirá feliz de poder contribuir a tu causa, trayendo incluso más personas con ellos cada vez que regrese contigo. Sólo mantente abierto a recibir una retribución económica para que puedas vivir de ello y dedicarte a servir de tiempo completo, ten presente que servicio no es lo mismo que caridad. Así, tu calidad de abundancia será directamente proporcional al impacto que generes en los demás.

Además, tienes una joya divina que te hace único en un mercado cada vez más competido, sobre todo cuando la toma el ser, lo que te favorecerá de acuerdo a la ley de oferta y demanda. Si yo te preguntara a qué te dedicas, probablemente me nombrarías alguna profesión como abogado, médico, ingeniero, entre otras. Si te preguntara cuántas otras personas están haciendo lo mismo que tú, me dirías que miles o millones.

Lo único que te hace diferente es tu joya, esa forma única de entregar tus talentos. Si la revelas, puedes impregnar todo lo que hagas con ella y por medio de una verdadera actitud de servicio llegarás a realizar tu propósito por el camino que elijas. No es lo que haces, sino como lo haces. Aunque debo decir que también el apego a la profesión puede llegar a ser una limitante en tu camino a la realización. Lo identificarás fácilmente.

Si tu profesión no te hace brincar de la cama en la mañana, emocionado por ir a hacer un bien a la humanidad a través de algo que amas, no vas por el camino adecuado. Sin embargo, tu profesión actual puede convertirse en un negocio o trabajo vehículo en lo que construyes con tu joya el sustento para que puedas dedicarte completa y plenamente a ello. Tal vez va a ser más absorbente al principio, pero no hay joya divina que sea una carga. Ninguna. Tu joya te llenará de vida, será como un pasatiempo por el cual podrás llegar a ser remunerado, y además te sentirás lleno por dentro, ya que lo que aportes a otros será enormemente apreciado y agradecido.

Requieres ser muy sensible para discernir entre los anhelos del ser y los deseos del Ego, los cuales son, como el nombre lo indica, egocéntricos. La verdadera fortuna sólo puede crearse a través de la luz de tu ser. Tu joya emana directamente de tu ser y sólo tu yo auténtico puede causar un impacto real a través de ella. Si no estás familiarizado con lo que es el Ego, te lo explico de manera muy sencilla con la siguiente analogía:

¿Ubicas esos chocolates cubiertos de caramelo con un cacahuate al centro? Bien, esa figura nos ayudará a comprender este concepto. Imagina que el cacahuate es tu Ser, es lo más íntimo, natural, puro y profundo de ti, tu centro, aquello que eres en realidad. El chocolate que lo rodea, son todos los miedos a lo que te hace vulnerable, según lo que has aprendido que es el mundo. Por ejemplo, si eres un ser sensible, y el mundo juzga la sensibilidad de debilidad, ese chocolate representa tu miedo a parecer débil. Entonces creas una capa de caramelo, una coraza con lo que quieres que vean, por ejemplo, a alguien insensible, frío, rígido, duro, sarcástico y aparentemente desconectado de todo tipo de emoción. Ese es tu Ego, y lo que acabamos de ver es sólo una pequeña parte de todas aquellas que lo entretejen. Tantas "personalidades" que ocultan al verdadero tú. Por ello es que, para lograr revelar la joya que te llevará a realizar tu propósito, requerimos ir profundo, atravesando las capas de tus miedos hasta tocar ese hermoso cacahuate o, mejor dicho, el inmenso corazón de tu Ser.

Así es que, ¡manos a la obra! Ya es momento de trabajar contigo mismo, y para ello usaremos de nuevo la maravillosa *Estrella de las Relaciones*:

AFINIDAD

COMUNICACIÓN

ATRACCIÓN

COMPRENSIÓN

RESPONSABILIDAD

REALIDAD

Te explicaré qué significa cada uno de estos conceptos en relación a ti mismo. Conforme lo vayas leyendo, igual que la vez anterior, anotarás dentro de cada punta tu calificación al respecto, desde el cero, hasta el diez, en proporción al nivel en el que sientes que te encuentras. Después sumarás tus resultados y anotarás el total en el centro, siendo sesenta la calificación máxima. Los significados se muestran a continuación en forma de preguntas:

> *Afinidad:* ¿Realmente hago lo que disfruto o qué tanto me siento alineado conmigo? Siendo cero sentirte frustrado, lejos de lo que quisieras para ti, y diez si hoy te apasiona lo que haces. Si estás en proceso de construirlo podría ser quizá un número intermedio.

43

Atracción: ¿Qué tanto me amo y me acepto? Si te juzgas constantemente y eres muy duro contigo sería un cero. Si te aceptas con toda tu imperfección ponte un diez. Si hay cosas de ti que amas y otras que juzgas duramente, tienes muchos números en medio para elegir.

Responsabilidad: ¿Qué tanto me hago responsable? Si caes en victima constantemente con otros o a través de circunstancias externas a ti, señalando culpables todo el tiempo, es cero. Si te adueñas de absolutamente todo lo que pasa en tu vida, es diez.

Realidad: ¿Qué tanto vivo en el presente? Si vives anclado al pasado o sufriendo por la incertidumbre del futuro, es cero. Si disfrutas en el ahora todo el tiempo, es diez. Recuerda que puedes por supuesto tener un punto medio, por eso se califica en porcentaje.

Comprensión: ¿Qué tanto me entiendo a mí mismo?, ¿realmente sé lo que quiero? Si te sientes perdido en la vida y no tienes ni idea de qué camino seguir, es cero. Si por otro lado tienes claro qué quieres para ti, sería un diez. Si es un más o menos, elige otro número.

Comunicación: ¿Qué tanto escucho a mi Ser? Si sabes identificar esa voz interior que te dice hacia dónde ir a través de tus anhelos, sería un diez. Si no tienes idea de qué hablo, un cero. Pero remarco nuevamente que tienes muchos números para jugar con tu calificación.

Tal vez descubres que tienes diez en todas las puntas o, por el contrario, que aún hay mucho aún trabajar contigo. Recuerda que la maravilla de esta estrella es que, si la relación se encuentra apagada, basta con atender una sola punta para que vuelva a iluminarse por completo. Identifica en qué punta saliste más bajo y trabaja con el ejercicio adecuado, según se muestra a continuación:

Afinidad: lleva a cabo un ejercicio de concientización en la noche, para recordar cuántas veces durante el día te sentiste alineado contigo, cuántas veces sonreíste desde el corazón y sentiste gozo. Si no ubicas al menos una ocasión, requieres comenzar a generar que haya un momento en el día en el que realmente disfrutes. Esto comenzará a darte una noción de hacia donde puedes caminar.

Atracción: Realiza un ejercicio por la noche, dándote diez reconocimientos por todos tus logros del día, empezando pequeño, como levantarte temprano, alzar la cama, preparar un rico desayuno, llegar temprano al trabajo o la reunión, por hacer un cumplido a alguien que amas, por darte tiempo para ti o lo que tú consideres importante reconocer en ti. Esto te ayudará a aceptarte y amarte cada vez más a ti mismo, pues tendrás evidencia de que haces las cosas bien, te enfocarás en lo positivo y aminorarás significativamente tu propio juicio.

Responsabilidad: Este es probablemente el ejercicio más intenso que podrías llevar a cabo, pero sin duda es el más efectivo. Trae a tu mente a alguien con quien estés peleado y a quien culpas por esa situación, de preferencia alguien a quien consideres importante. Detente a ver cuál fue tu lado responsable en la situación, busca a la persona y ve a conciliar. Recupera la relación mostrándole que ahora ves cómo tú generaste realmente el conflicto.

Realidad: haz un listado por la noche de las cosas que te robaron tu atención del presente ese día. Identifica si hay algo en común que las conecte. Si es un tema del pasado, suéltalo con *Ho'ponopono*: "Lo siento, perdóname, gracias, te amo". Si es algo del futuro, pregúntate "¿puedo hacer algo al respecto ahora, en este momento, para cambiar eso?" Si la respuesta es nada, suéltalo. Si hay algo que puedas hacer, toma acción inmediatamente.

Comprensión: Escríbete a ti mismo una carta con dudas que tengas sobre ti: "¿por qué soy así?, ¿qué obtengo a cambio?, ¿qué es lo que quiero en la vida?". Al día siguiente voltea la hoja y respóndete. Te sorprenderá cuánta claridad puede traerte este ejercicio.

Comunicación: Haz cinco minutos de meditación en silencio para conectar con tu Yo Interior e identificar las cosas que anhelas desde tu Ser. La meditación en silencio te permitirá conectar con tu esencia y empezarás a volverte sensible a la voz de tu intuición. No serás enteramente consciente de ello, pero comenzarás a ver un camino más claro, pues las pequeñas brechas de mente calma, te conectan con tu espíritu. Sólo mantén la intención de tener la mente consciente en silencio y evita la conversación interior en la meditación.

Pon en práctica el ejercicio correspondiente a la punta en la que has salido más bajo, enfócate sólo en esa, no te cargues de actividades. Es más, vamos a atender una punta ahora, vamos entablando nuevamente contacto contigo mismo, reforcemos esa conexión escribiendo ahora a tu Ser. Esta será la segunda de siete cartas mágicas que escribirás a lo largo de este proceso. Si quieres reconectar con esa parte divina tuya y abrir nuevamente el canal para poder ser un conducto de Dios en este mundo, es indispensable que liberes lo que se haya acumulado entre tu ego y tu Presencia Yo Soy. Para ello, pídete perdón por lo que sea que sientas necesario, después agradécete por todo lo que nazca de tu corazón, exprésate cuánto te amas y haz consciente que ahora conoces la magnitud de la luz del Ser que eres. Finalmente, crea un nuevo compromiso contigo mismo. Continúa leyendo hasta que hayas escrito la carta y llevado a cabo el ejercicio de la punta correspondiente.

Carta a mi Ser

Me pido perdón por...

_____

_____

_____

_____

Gracias por...

_____

_____

_____

_____

A partir de hoy, me comprometo a...

_____

_____

_____

_____

_____

Tiempo antes de escribir este libro, conocí a un maestro que me enseñó que existen catorce etiquetas para nombrar la Joya Divina. Sin embargo, sostiene que son completamente arbitrarias y que pueden llegar a haber virtudes que no caben dentro de ellas, por lo que no es necesario limitarse sólo a estas catorce. Cada Joya tiene una parte de luz y otra de sombra, la primera se experimenta cuando está en manos del Ser, la segunda cuando la toma el Ego, nublándola con su tormentosa nube de temores.

EMISOR
Luz: Comunica, transmite información y conocimiento. Aporta a través de la palabra.
Sombra: Agrede, manipula, miente, lastima, critica. Puede destruir con las palabras.
Ejemplos: Conferencistas, redactores, presentadores de TV, reporteros, cineastas.

RECEPTOR
Luz: Percibe, escucha y observa con atención. Identifica necesidades y las atiende.
Sombra: Se traga todo y nunca dice nada. No sabe decir que no. Acumula y explota.
Ejemplos: Terapeutas, psicólogos, mercadólogos, interpretadores, inversionistas.

POLARIZADOR
Luz: Hace sonreír, transmite vida y alegría. Alienta, anima, cambia la energía para bien.
Sombra: No se toma las cosas en serio. Es insensible en momentos inapropiados.
Ejemplos: Comediantes, oradores motivacionales, animadores, compositores.

SOCIABLE
Luz: Conoce a todo el mundo. Siempre sabe quién tiene qué y quién lo necesita.

Sombra: Le teme a la soledad, necesita estar rodeado de personas todo el tiempo.

Ejemplos: Vinculadores de negocios, relacionistas públicos o internacionales.

TELÉPATA
Luz: Es capaz de ponerse en los zapatos de otros y conectar profundamente con ellos.

Sombra: Vive la vida de otros. Absorbe la vibra y depende de lo que pasa afuera de sí.

Ejemplos: Recursos humanos, guías holísticos, *coaches*, publicistas, humanistas.

METODISTA
Luz: Es eficiente. Crea procesos y sistemas. Automatiza, simplifica y llega rápido al objetivo.

Sombra: Todo cuestiona, piensa demasiado. No avanza y no aterriza por estar en la cabeza.

Ejemplos: Ingenieros industriales o en sistemas, organizadores, planificadores, productores.

NOBLE
Luz: El mundo le confía la vida. Cuida aquello que es importante para otros.

Sombra: Cae en el abuso, porque "no tiene malicia". Confía ciegamente en otros.

Ejemplos: Financieros, vendedores, directivos, dueños de guarderías, nutriólogos.

EDIFICADOR
Luz: Siempre sabe qué paso sigue. Sabe llegar del punto "A" al "Z". Es líder.

Sombra: Cuadrado, rígido y controlador. No fluye. Todo tiene planeado. Es inflexible.
Ejemplos: Ingenieros civiles, empresarios, políticos, iniciadores de movimientos.

VIDENTE
Luz: Ve lo que nadie más ve. Lleva al mundo a donde nadie más había visto.
Sombra: Cree que está solo y que se vuelve loco. Se rinde fácil tras una caída.
Ejemplos: Inventores, emprendedores visionarios, optimizadores de negocios.

CREATIVO
Luz: Crea, baja al mundo ideas del plano sutil y las materializa en el plano físico.
Sombra: Vive arriba, en un globo aerostático. Ausente, desconectado, disperso.
Ejemplos: Arquitectos, diseñadores, músicos, escritores, escultores, pintores.

LUMBRERA
Luz: Resuelve problemas. Ve soluciones con facilidad. Ilumina la oscuridad.
Sombra: Empieza, pero no acaba cosas. Deja los proyectos a medias. Soberbio.
Ejemplos: Consultores de empresas, gestores de crisis, matemáticos, abogados.

REGENERADOR
Luz: Ayuda a otros a sanar física, mental, emocional y espiritualmente.
Sombra: Quiere resolver la vida de todos. Es imprudente y entrometido.
Ejemplos: Médicos, enfermeros, psiquiatras, cirujanos, sanadores holísticos.

INSPECTOR

Luz: Tiene una gran capacidad para analizar, interpretar y procesar datos duros.

Sombra: Es muy analítico y se vuelve frío. No puede conectar emocionalmente.

Ejemplos: Detectives, arqueólogos, investigadores científicos o de mercado.

PUENTE

Luz: Entra en contacto con seres de otros planos y conecta a otros con ellos.

Sombra: Se asusta fácilmente, se vuelve miedoso y tiende a bloquear el don.

Ejemplos: Médiums, canalizadores, tarotistas, chamanes, angelo-terapeutas.

Según decía el maestro, todos tenemos las catorce joyas, pero siempre hay una que nos llama más. Dios te recuerda a través de la sensación de afinidad cuál elegiste para venir a realizar tu propósito. Una vez que identifiques la etiqueta que armoniza más contigo y tu propósito, te recomiendo aplicarle un poco de mercadotecnia; utiliza un nombre que nadie más haya usado para que esté libre de juicios y que evoque lo que planeas entregar. Por ejemplo, yo me presento siempre como Ontólogo, algo que despierta curiosidad. Posteriormente, regálalo; esto último es para que todo tu sistema de cuerpos, tanto físico como energéticos, incorporen que lo haces para servir y no para obtener retribución alguna. Ya que lo hayas hecho, entonces sí busca el flujo de retorno energético poniéndole precio. Sólo ten presente que el mercado es muy frío y que se rige bajo la ley de oferta y demanda. Si no quieren pagar el valor que estableciste, no te desanimes, bájalo de momento mientras el mercado lo valora, la intención es que fluya. Una vez que te hagas de una buena reputación, podrás comenzar a subir el valor hasta llegar al anhelado. Ya estando en ese punto, seguirá sistematizarlo; buscar la manera de que te consuma menos tiempo personal para que puedas invertirlo en estrategias que te permitan tocar cada vez más vidas.

Probablemente te estarás preguntando: ¿cómo identifico cuál es mi etiqueta?, ¿por simple afinidad?, ¿con la que me sienta más identificado? En teoría, sí. Pero no te apures, vamos a hacer un ejercicio que te ayude a elegir una. ¿Ubicas esa llama que se enciende en tu corazón cuando piensas en algo que te gustaría hacer en la vida? Esa es la que te indicará que has dado en el clavo con tu respuesta. Visualiza ahora los siguientes escenarios y responde a cada pregunta desde el corazón. En el momento que vayas a hacerlo busca que se encienda esa llama en tu pecho, sólo así sabrás que has contestado adecuadamente.

1. Si alguien te dijera: "te pago $50,000 dólares al mes, lo único que tienes que hacer es aportar algo al mundo, lo que quieras, con tal de que hagas algo de provecho y ayudes a hacer del mundo un lugar mejor". ¿Qué elegirías hacer teniendo esa libertad?

_____

_____

_____

_____

_____

2. Imagina que hubiera una guerra o que un desastre natural azotara el lugar en el que vives. ¿Cómo podrías ayudar, sintiéndote útil y lleno de vida?

_____

_____

_____

_____

3. Ahora imagina que vives en una Utopía, una civilización donde el dinero no existe, donde todos viven en abundancia, en viviendas hermosas, rodeados de tecnología y naturaleza en perfecto equilibrio, con comida, agua y energía suficiente para todos. Tu único requisito para pertenecer a esta civilización es aportar algo, lo que tú quieras. ¿Qué estarías haciendo para ayudar? ¿Qué te sentirías pleno aportando todos los días?

_____

_____

_____

_____

Si ya respondiste a las preguntas y las respuestas brotaron realmente desde tu corazón, lee ahora lo que escribiste. Notarás que varias de las etiquetas se hacen presentes, tal vez no con las palabras exactas, pero sí con unas similares o evocando su energía y significado. Usa la analogía para identificarlas. Siempre hay una que predomina, ya sea porque se repitió más o por la fuerza de la energía que despierta en ti. Ten en cuenta que aquí no hay reglas rígidas, ya que es Dios quien te guía a través de la inspiración.

Yo siempre creí que era Creativo, pero cuando realicé este ejercicio sentí una mayor afinidad por el Emisor, que tampoco está peleado con la primera. Entonces me di cuenta de que iba bien encaminado, que sí había obedecido mi llamado hasta cierto punto, pues mi despacho se especializa en comunicación, lo cual implica mucha creatividad, pero elegí enfocarme en mi Joya y prestar más atención a la parte del mensaje que a la creativa. El resultado fue sorprendente, pues mis clientes comenzaron a tener un mayor crecimiento, dado que sus anuncios eran ahora mucho más claros. Después me di cuenta que mi joya conectaba también con otro camino, ya que para ese momento contaba con la preparación como entrenador ontológico, por lo que por fin me vi motivado a crear mi primer taller. Pronto ya había creado dos, cuatro y así sucesivamente. Después se formó un programa en base a tres de mis talleres que comenzaría a tocar aún más vidas, el cual terminó por convertirse en este libro que tienes hoy entre tus manos. Cada vez más sistémico, más accesible y por un canal mucho más masivo. Lo más relevante es que, desde que elegí crear mi primer taller, al punto en el que comencé a escribir, pasaron menos de dos años. Dios llama, y en cuanto lo escuchas, te extiende todos los medios para realizar aquello que quiere traer al mundo a través de ti. Somos meros conductos de Su Voluntad, canales a través de los cuales busca expresarse.

Este ejercicio te ayudará a revelar una nueva verdad de hacia dónde requieres encaminarte, o te mostrará, como a mí, que ya vas por buen camino. Sin embargo, siempre aporta algo y seguro; algún detalle podrás afinar que te lleve más rápido a donde siempre has anhelado. Para corroborar que diste en el clavo, apóyate en el *Ikigai*. Si no estás familiarizado con él, te lo explico:

> *Ikigai* es un concepto japonés que significa "la razón de ser", el cual busca encontrar en el hacer, un balance con los cuatro elementos: *fuego* (algo que amas), *aire* (algo en lo que eres bueno), *agua* (algo que ayude al mundo) y *tierra* (algo por lo que puedes ser pagado). Si tu joya en acción logra ese balance, has encontrado tu propósito de vida.

En caso que la acción que buscas seguir parezca ser muy altruista, sólo toma en cuenta que los directores de las fundaciones deben recibir un sueldo, al igual que un CEO de una empresa, pues la labor que desempeñan es igual de titánica. Deja tus juicios de lado y permítete vivir bien para que estés motivado y toques cada vez más vidas. Si tu proyecto de vida va por ahí, capitalízalo con donaciones, fondos privados o de gobierno, y en el presupuesto incluye tu sueldo. Asegúrate de que represente un ingreso que te sea grato. Una organización sin fines de lucro es aquella que no busca utilidades y reinvierte los fondos para alcanzar a ayudar más vidas, pero eso no significa que un buen sueldo sea inmoral.

CAPÍTULO 3
LA RIQUEZA NEURONAL

Es importante, para que construyas una vida llena de gozo y pasión a través de tu joya, que hagas las pases con la riqueza. Recuerda que una de las fases para poder vivir de ella es que llegues a un punto en el que te sientas bien cobrando por entregarla, pues el dar debe entrar en balance con el amor propio, que implica también saber recibir. Si hay muchos bloqueos en tu mente en relación a la abundancia económica, no te mortifiques, pues en este capítulo trabajaremos con ellos, para permitir a tu caja de creencias ampliarse hasta que lo que anhelas en relación a la riqueza se vuelva razonable y realizable para ti.

Para ello, trabajaremos un poco con la idea del dinero, ya que es el principal bloqueo que tenemos frente a la realización, la cual te recuerdo se sostiene sobre cuatro pilares: riqueza, libertad, salud y amor. Repasemos cómo el concepto que tenemos del dinero puede convertirse en un bloqueo para alcanzar la plenitud en esas áreas. Por ejemplo, la riqueza tiene que ver más con la mente que con el dinero y los bienes materiales, sin embargo, tenemos la creencia de que sin dinero no puede considerarse que una persona posee riqueza en su vida; cuando la verdadera riqueza es interior. Tiene que ver más con tu joya que con la adquisición de bienes, los cuales llegarán solos al entregar tus dones a otros.

En relación con el amor, es muy común calificar nuestro amor propio en base al ingreso que percibimos, bloqueándonos por añadidura el recibir amor si sentimos que no es suficiente. Los hombres, por ejemplo, buscan brindar las experiencias más lujosas posibles a sus parejas, para seguir siendo interesantes para ellas; mientras que las mujeres buscan poder a través del dinero ahora también para demostrar que son igual de capaces. Los padres tratan de mostrar su afecto a sus hijos por medio de cosas, con la intención de brindarles una gran calidad de vida, cuando el mayor regalo que pueden darles es su tiempo, su presencia y su calidez. El amor es universal y no tiene nada que ver con el dinero, pero nuestras creencias bloquean su flujo a través de nuestra vida, si carecemos de billetes.

Por otro lado, está la libertad, la cual creemos que sólo se alcanza al generar tanto dinero, que te permita dejar de trabajar sin preocupaciones, ya sea porque amasaste suficiente para el resto de tu vida o porque puedes contratar personas que se hagan cargo de tus responsabilidades, permitiéndote viajar y hacer de tu tiempo lo que se te pegue la gana. El problema es que quienes alcanzan esta famosa "libertad financiera", después descubren que dentro de ellos queda un vacío que no pueden llenar con cosas, ni con experiencias. Ese vacío es el del servicio, que sólo el gozo de entregar tu joya puede saciar. Esa es la verdadera libertad, vivir entregando algo que te apasiona, siendo auténtico, ya que no existe nada más satisfactorio en la vida que simplemente ser tú mismo.

Y finalmente, pero muy importante, viene el tema de la salud, la cual también creemos que es imposible de alcanzar en plenitud si no hay dinero, porque sin billetes no podemos comer saludable, no podemos comprar medicamentos, ir al médico, pagar un seguro de gastos médicos o pagar un gimnasio. Creemos de verdad que todo ello es necesario para estar tranquilos en relación con la salud, cuando ese en realidad es un beneficio y efecto directo de la realización misma, pues al vivir en gozo, todo tu sistema opera a su máxima capacidad. La salud física es un reflejo de la salud espiritual, que es permitir a tu Ser expresarse.

Vamos rompiendo entonces falsas creencias en relación a la riqueza material y al dinero, empezando por revisar por qué pensamos que nuestro lado espiritual es contrario a la riqueza material. Por alguna razón, creemos que ser espiritual es bueno y tener dinero es malo, y que por ende son dos conceptos que no pueden unirse, como el agua y el aceite. Pero si te fijas, todos los grandes líderes espirituales experimentan una gran abundancia. ¿Has visto cómo vive el Papa? En un palacio, lleno de lujos, piedras preciosas, metales valiosos, con servidumbre que lo atiende. ¿Te has fijado por otro lado cómo viven los monjes tibetanos? Sus instalaciones son bellísimas, gozan de todas las comodidades, ¡hasta tienen *chef* privado!

Ellos no se limitan, sin embargo, se llevan todo el juicio del mundo. "Podrían dar de comer a tanta gente con todo lo que gastan con su estilo de vida. Hipócritas". ¿Cuántas veces no has escuchado o dicho eso? Vamos terminando con esa idea, porque riqueza hay para todos en el planeta. Sólo haz consciente que el dinero está hecho de papel, el cual literalmente crece en los árboles. Es prácticamente imposible que se termine, tendríamos que acabarnos el planeta primero. Quienes no gozan de la riqueza, es porque así lo han elegido, por más difícil de asimilar que parezca. Algo están eligiendo aprender de una manera muy dura. Pero yo te pregunto, ¿tú para qué quieres aprender así? Es mejor vivir bien y vendar tus heridas con billetes, ¿no? A poco si te dan a elegir, ¿no preferirías esto último? Yo sí. Esta idea de que lo espiritual y la riqueza se contraponen, es una idea muy arraigada, porque supuestamente las elites nos han adoctrinado, mostrándonos que el maestro y precursor de la senda espiritual más popular, era pobre. Cosa que ni es verdad, ya que la carpintería en ese entonces era de las profesiones más lucrativas, ¡todo se hacía con madera! Tal vez no sería noble (aunque sí descendiente de reyes), pero créeme que vivía bien acomodado. Por otro lado, está el mayor maestro espiritual de oriente, quien fue un príncipe de un reino ubicado donde hoy es el sur de Nepal, que aunque se mostraba desapegado de lo "mundano", aceptaba que la vida espiritual es más plena cuando se encuentra un balance con el bienestar material.

El tergiversar la información ha sido un método nacido del poder, del dominio sobre otros, sí. Sin embargo, se ha hecho tan común la idea, que ya no es promovida siquiera por manipulación, sino porque es lo que vende, ya que el público se identifica con ella. Por eso en las telenovelas la heroína siempre es una mujer de bajos recursos que le reza a la virgencita, mientras el villano es un hombre que representa el patriarcado, rico y nada espiritual. No es adoctrinamiento, sino un reflejo lamentable del modo de pensamiento de una sociedad, que elige consumirlo porque se identifica con ello. Y así, el dinero se ha convertido en el mayor tabú del mundo, incluso por encima del sexo. Nos es más fácil decir con quien dormimos y hasta en qué posición lo hicimos, que cuánto ganamos. Esta idea de que el dinero está separado de lo espiritual no es más que un *karma*, que viene de sentir culpa al vivir bien, mientras vemos a tantos sufriendo por hambre. Y con el tiempo, para hacer más soportable la elección que se ha tomado, se opta por victimizarse y echar la culpa a los gobiernos o a aquellos que sí se permiten la riqueza, pues es muy doloroso para el individuo aceptar que él mismo ha elegido esa vida. Reflexiona, ¿acaso no podrías ayudar más con tus recursos si eligieras ser rico, que convirtiéndote en un pobre más? Vamos rompiendo con los principales mitos que giran alrededor del dinero y la riqueza, cambiemos tu perspectiva a una visión más amplia, abundante, humana y amorosa:

"El dinero no da felicidad". Hay estudios que comprueban que si una persona se encuentra en un estado de pobreza extrema, viviendo bajo una caja de cartón, con trapos por vestimenta, constantemente enferma y sin alimento, el dinero literalmente compra su felicidad, ya que le permitirá tener acceso, al menos a cubrir sus necesidades básicas, como aseo, higiene, alimento, salud, techo y ropa. Ya de cierto nivel de ingresos hacia arriba, solamente pasan a ser más caras las cosas que nos compramos, sin embargo, te puedo afirmar que el dinero sí ayuda a crear plenitud y, aunque la felicidad es una elección, es mucho más fácil encontrarla cuando todo lo que te rodea es belleza y posibilidades.

"El dinero corrompe". La realidad es que la persona ya venía podrida desde antes. El dinero sólo saca a relucir lo que ya se había cultivado en el corazón de un individuo. Recuerda siempre que quien elige qué hace con él, es quien lo posee. El dinero no es quien

decide. Sólo funciona como una lupa o reflector que atrae miradas y hace más evidente quien eres.

"Pobre, pero honrado". No tiene nada que ver la pobreza con la honradez. Existen millones de personas de escasos recursos que roban, violan, violentan e incluso matan a otras personas, siempre bajo el pretexto de ser víctimas del sistema impuesto por los ricos, y el problema con las víctimas es que siempre terminan por convertirse en los perpetuadores. Si revisas las tasas de criminalidad de cualquier país, te sorprenderá descubrir que menos del diez por ciento de los delitos son de cuello blanco (llevados a cabo por personas ricas).

"El rico siempre tiene las manos sucias". Es una gran mentira, existen millones de casos de personas que han amasado su fortuna a través de medios legítimos, con prácticas honestas y una conducta honorable, simplemente impactando al mundo a través de su joya. Algunos la han pasado muy mal en su camino a la cumbre y se han mantenido firmes en sus convicciones morales. Incluso he presenciado casos de donativos millonarios anónimos a asociaciones con causas sociales, en los que no se busca ni evasión de impuestos, ni reconocimiento alguno, ni siquiera gratitud. Existe otra creencia de que quienes hacen eso están tratando de redimir algún pecado. Abramos los ojos a otra perspectiva: en la senda hacia la iluminación, forzosamente se pasa por la etapa del dar desinteresadamente. A este se le llama el sexto paso de la alquimia, cuando se alcanza la consciencia de unidad con todas las personas, dándote cuenta de que son una extensión de ti, por lo que

ayudarlas acaba siendo igual que ayudarte a ti mismo. Existió incluso el caso de un hombre que llegó a ser el más rico del mundo y abandonó dicho título al elegir donar la mayoría de su fortuna para ayudar a personas de escasos recursos.

"El dinero es la fuente de todos los males". ¿Qué no es el hombre quien elige qué hace con él? El dinero no actúa por sí mismo. De hecho, fue creado para ayudar a conservar mejor el mundo, permitiendo que quienes en su codicia buscan acumular riqueza nada más porque sí, lo hagan con metales y papeles, en lugar de los frutos de la tierra, los cuales se echarían a perder en sus bodegas al buscar amasarlos. El hombre en su naturaleza es egoísta, ¿te imaginas si no hubiera dinero? Ya nos habríamos acabado el mundo. Además, el dinero nos facilita las transacciones, evitándonos tener que cargar cincuenta gallinas para obtener una vaca. El dinero nos ayuda a mantener el orden, siendo un apoyo para la justicia, ya que quien comete un delito o una falta social, tiene que pagar con efectivo. El dinero sirve como un símbolo de reconocimiento también, presentándose en bonos a los trabajadores destacados o a modo de auto-recompensa para los empresarios. El dinero no es bueno ni malo, en dado caso el origen de todos los males pasaría a ser el Ego humano.

"Hacer dinero cuesta mucho trabajo". La verdad, es que entre más trabajo te cueste generarlo, menos va a fluir en tu vida, porque lo estarás buscando desganadamente, sintiendo que tienes que hacer un esfuerzo para que llegue a tu vida, y al estar persiguiendo el dinero, te olvidarás de servir, lo cual será

inmediatamente notado por aquellos para quienes trabajes, ya sean clientes o superiores. En ningún ámbito y bajo ninguna circunstancia, es agradable trabajar con alguien que sólo busca beneficiarse. Todos, sin excepción, buscaremos apoyar a quienes realmente nos demuestran que quieren servir y ayudar. Por eso la joya divina es la forma ideal para generar dinero sin esfuerzo, pues disfrutarás tanto ponerla a disposición de otros, que generarás impacto, volviéndote atractivo para otros y generándote con el tiempo un mayor ingreso, por un menor trabajo.

"Enfocarme en el dinero me aleja de lo espiritual". Si observas con atención, descubrirás que existen agrupaciones religiosas o sendas espirituales que se enfocan en el dinero, buscando recursos para poder ayudar a quienes lo necesitan. Ten siempre presente que hacer dinero es bueno, siempre que sea con una conducta y propósito honorables, pero, sobre todo, que tú y tu familia pueden ser tu mayor prioridad y eso está bien. Entre más realices lo que anhelas, mayor agradecimiento experimentarás y más te acercarás a Dios.

"No compartir mi dinero me hace egoísta y menos espiritual". Si tú y tu familia están primero, eso implica también disfrutar lujos en la vida. Es parte del bienestar de una persona poder experimentar lujos, es algo que se siente bien y es completamente válido que busques eso para ti y para quienes amas. La clave está en notar que al permitirte obtener lujos siempre estás ayudando a otros, pues no se trata de regalar el dinero, sino de ser consciente de a dónde llega y de qué manera lo hace. Por ejemplo, si yo me

comprara un automóvil deportivo de doscientos cincuenta mil dólares, lo más común sería que saltaran juicios a mi alrededor, de personas que pensarían que con ese dinero pude haber ayudado a mucha gente y yo lo gasté en un juguete para sacarlo los fines de semana a un autódromo y sólo dar vueltas en él. Sin embargo, las compañías que fabrican este tipo de autos, dan sustento a miles de familias. Si no existieran personas dispuestas a comprar esos "tontos juguetes", todas esas familias no tendrían una vida digna. Cada vez que alguien se permite adquirir un lujo, permite que miles de empleados reciban un sueldo.

Así es que vamos a repasar siete hábitos que generan escasez y siete hábitos que crean riqueza, esto te permitirá cambiar un poco más tu mente, trayendo a tu consciente cómo has venido actuando hasta hoy y qué deberías comenzar a hacer diferente, cuanto antes.

Siete hábitos de escasez:

1. *Gastar en pasivos.* Yo sé que me voy a ver como un profesor de finanzas con este punto, sin embargo, es muy cierto que si todo tu dinero lo inviertes en cosas donde se va a quedar estancado o peor aún, que se van a depreciar o te van a costar más dinero, vas a tardar mucho en llegar al ingreso que sueñas, aquel que te abrirá las puertas a la realización de tus anhelos. Está bien comprar cosas que te gusten, pero también es de sabios marcar límites y aprender a diversificar tus recursos.

2. *No saber decir que no.* Este problema puede costarte dinero de poquito en poquito o en cantidades extraordinarias. Vamos a ver tres ejemplos, siendo el primero personal. A mí no me gusta el alcohol, nunca me ha gustado ni su sabor, ni el efecto que produce en mi cuerpo. Sin embargo, a casi todos mis amigos les encanta, y cuando salía con ellos a algún lado me pedían que tomara con ellos. Para no "quedarles mal", pedía una cerveza y me hacía loco con ella toda la noche. El problema era que, al llegar la cuenta, pedían que nos la dividiéramos entre todos, convirtiéndose en las cervezas más caras que jamás he consumido. Cuando fui consciente de que no requería aparentar para ser apreciado, hablé con ellos, completamente desapegado del resultado, pues ya sabía que podía costarme su amistad al "no ser divertido". Les dije que como para ellos era importante que yo bebiera, y dado que a mí no me gustaba el alcohol y no estaba dispuesto a gastar mi dinero en ello, podían ellos invitarme las cervezas. Para mi sorpresa, accedieron. Ahora salía y tomaba gratis, no lo disfrutaba, pero al menos ya no me costaba. Con el tiempo fui convenciéndolos de que yo era divertido sin necesidad de alcohol y les mostré que estaban gastando ese dinero sin sentido, por lo que finalmente dejaron de insistir. Pero este es un caso de pérdidas pequeñas, ahora imagina una situación en la que un familiar está a punto de perder su casa y le hace falta una gran suma de dinero que tú tienes disponible, ellos lo saben y te la piden. ¿Realmente es tu responsabilidad gastar ese dinero en ellos? Claro que no. Ellos tomaron sus decisiones, las cuales los llevaron a ese punto y deben afrontarlas. Si a ti te sobra en gran medida y no representa mayor problema, adelante, ayúdalos, pero si no es el caso, recuerda que tú y tus dependientes están primero. Por otro lado, imagina que un familiar enferma y deja una enorme cuenta pendiente en el hospital. Tampoco es tu responsabilidad ayudarlo con tu propio capital a salir de esa situación, a menos de que te sobre de una manera impresionante como mencioné antes, o que sea un dependiente económico tuyo, no tienes ni la más mínima obligación de involucrarte. Puedes apoyarlo moralmente o buscando auxilio por fuera, pero sin comprometer tus bienes en ningún momento. Aprende a decir que no. El amor no es decir que sí siempre. Después te sentirás enojado y te quedarás enganchado con esa situación, sobre todo si no te paga nunca el "préstamo", perdiendo una gran cantidad de tu energía y muy probablemente también la relación que tanto temías arriesgar.

3. *Caer en una falsa creencia de amor.* Como lo mencionaba anteriormente, el amor no es decir que sí todo el tiempo, y tampoco se expresa gastando todo tu dinero en otros. Nunca vas a poder comprar el amor, pues es una fuerza universal que solamente podrá atraer tu esencia misma. Yo confieso que cuando conocí a quien es hoy mi esposa, inventé que tenía un negocio exitoso. Ella ya trabajaba y yo era un simple estudiante, pero me gustaba tanto que no quería perder la oportunidad de salir con ella. Esa mentira me costó insomnios, una ansiedad brutal e incluso me llevó a experimentar una experiencia

muy dolorosa con ella. Un día, ya apaleado por mi propia imagen de emprendedor, le confesé la verdad esperando lo peor, creyendo que me iba a dejar en ese momento. Para mi sorpresa, me abrazó y me preguntó por qué no había sido sincero desde un inicio. Le dije que creí que no hubiera salido conmigo de otra manera. Ella me confesó que sí era algo que le había gustado de mí, pero que no era lo único y que estaba segura de que yo iba a llegar a ser alguien muy exitoso, porque esa parte la percibía en mí, más allá de mi mentira, en mi forma de ser y lo que emanaba de mí. Así como este caso, hay miles. También papás que se endeudan hasta el cuello por comprarle cosas a sus hijos y no terminan de entender que los hijos sólo quieren su tiempo y afecto, más allá de las cosas materiales.

4. *Caer en una falsa idea de aceptación.* Las apariencias te van a alejar más del círculo social al que tratas de pertenecer, pues la falsedad se transpira. Si tú crees que por tener cosas caras te van a incluir y aceptar en todos lados, estás muy equivocado. Las relaciones entrañables se construyen de Ser a Ser. Es tu esencia la que encanta a los demás, no tus cosas. Si fueran tus cosas las que hacen que otros se acerquen a ti, yo de entrada te preguntaría: ¿para qué querrías pertenecer a un círculo tan superfluo? ¡Qué aburrido! Las personas verdaderamente interesantes no se fijan en la marca de ropa que te pones, sino en la capacidad que tienes arriba en la mente o en la grandeza de tu corazón. No vale la pena gastar tu dinero en apariencias.

5. *No aceptar mi estrato socio-económico.* Esta va ligada directamente a la anterior. Quien acepta de dónde viene, se muestra seguro de sí mismo y completamente auténtico, porque sabe que vale por su persona y no por sus pertenencias. Me ha tocado ver en diversas ocasiones grupos de gente adinerada, en los que siempre hay uno o varios sujetos de una clase más sencilla, pero que son los más carismáticos del conjunto. Por eso los jalan con ellos, porque la pasan increíble con su presencia. Eso abre desde luego oportunidades a esas personas, como puestos de trabajo, inversiones, incluso que les paguen viajes, entre otras cosas. Y estas personas, por lo general ni siquiera están buscando esos beneficios, simplemente *son*, pues aceptan su vida como es. Sin embargo, a veces se enfrentan a otro problema, que es no saber recibir cuando les ofrecen algo genial. Ábrete siempre a la oportunidad.

6. *Gastar en cosas que no necesito.* Aceptar tu estrato socio-económico te ayudará a emplear mejor tus recursos para invertirlos en cosas que son realmente relevantes y no que te lleven a aparentar o a llenar un vacío interior. Mejor enfócate en revelar tu joya y en entregarla a los demás, verás cómo te sentirás lleno por dentro y no tendrás necesidad de gastar en cosas sin sentido. Claro, un lujito de vez en cuando para reconocerte está perfecto, tampoco se trata de abstenerte de todo. Sólo asegúrate de adquirir cosas que realmente te encanten y no de comprar nada más por el simple hecho de hacerlo, y mucho menos por querer aparentar algo.

7. *Gastar más de lo que ganas.* Ese ciclo interminable de las deudas no sólo te mantendrá atascado sin poder subir a un siguiente nivel en lo que respecta a tu calidad de vida, sino que impactará directamente la vida que ya tienes, llevándote a un punto más bajo, donde no sólo te verás más limitado, sino que vivirás rodeado de estrés, el cual comenzarás a ver reflejado en hábitos destructivos y en el deterioro acelerado de tu propio cuerpo. Cuídate, hazlo por amor a ti mismo. Evita las deudas, gasta sólo en cosas que te alcancen en ese momento y aprende a ser paciente, pues ahorrar es mejor que obtener todo por adelantado, ya que disfrutas las cosas con plenitud, en lugar de estarte lamentando por haberlas adquirido.

Siete hábitos de riqueza:

1. *Invertir en activos.* Nuevamente pareceré profesor de finanzas, pero es una realidad que destinar parte de tu ingreso a actividades que lo multipliquen es una de las cosas más sabias que puedes hacer. Esto incluye aquello que te ahorre dinero, pues te permite contar con más recurso para re-invertir, o todo lo que ahorre tiempo, para que puedas producir más. Hay muchas cosas que se pueden hacer, como buscar un asesor en la bolsa de valores o lanzar un negocio propio. Tenemos la creencia de que para emprender se requiere de grandes capitales, pero no es verdad. Yo tengo un amigo que comenzó invirtiendo en máquinas de chicles. Puso una y reinvirtió en una segunda, en una tercera y así sucesivamente, hasta que comenzó a invertir en negocios más grandes. Hoy es propietario de tiendas de lencería, incluso ya es distribuidor de la marca más conocida de ropa interior femenina. La clave está simplemente en ser creativo y en administrar bien nuestros recursos.

2. *Ampliar tu caja de creencias.* Un gran hábito a desarrollar es voltear nuestra atención hacia las oportunidades, en lugar de centrarnos en los obstáculos. Siempre hay posibilidades rodeándonos, el problema es que nosotros nos enfocamos en todo lo que nos limita, porque de alguna forma quisiéramos resolverlo. Pero, ¿qué pasaría si no se tratara de resolver las limitaciones? Sino de ver las posibilidades para fluir a través de ellas. De lo contrario, cada vez que surja una oportunidad, nos cerraremos a ella por observar las supuestas trabas o temores que hay a su alrededor y la postergaremos contándonos la historia de que primero debemos pulir aquellas cosas en nosotros que nos permitan recibir aquel ascenso o atender a aquel cliente. Tendemos a ver el punto negro de la hoja, sin percatarnos de que el resto de la misma es todo blanco, un mar de posibilidades, bloqueado por un grano de arena de "imposibles" que detiene nuestra embarcación entera para zarpar. En lugar de decirte a ti mismo "no es posible", cámbialo por "lo haré posible".

3. *Soltar para dar espacio a lo nuevo.* El desapego es uno de los principales hábitos de riqueza que existen, pues cada objeto que acumulamos, nos quita energía. Nuestra atención se fragmenta, de forma inconsciente, por todo aquello que

poseemos. Cada vez que sueltas algo, tu archivero mental se libera y da espacio para nuevas ideas y por lo tanto elecciones que te permitan abrirte a recibir cosas nuevas. Entre más peso emocional le des a aquello que guardas, más grande será la energía o atención que le depositarás, la cual podrías estar enfocando en crear algo nuevo. Yo, por ejemplo, tenía un *Corvette* '87 que pertenecía a mi padre. Era un vehículo que ni siquiera disfrutaba por miedo a que le sucediera algo. Siempre me sentía angustiado por él y su mantenimiento era muy costoso, por lo que no solamente me quitaba energía de forma inmaterial, sino que también me consumía dinero. Me dolió desprenderme de él, por el peso emocional que tenía, pero me sentí liberado y mi energía comenzó a fluir, viéndose reflejado en el surgir de nuevos proyectos.

4. *Salir de tu zona de confort.* Muchas veces nos detenemos a nosotros mismos por los miedos que tenemos, buscando permanecer en la comodidad de lo conocido y en la ilusión de la estabilidad. Pero un gran hábito de riqueza es atravesar los miedos, porque implica tumbar tus barreras, cruzar el velo de la ilusión de incertidumbre para encontrarte con que realmente no pasaba nada o que no era tan terrible como siempre creíste. Esto te llevará a ganar seguridad para crecer exponencialmente. Cada vez que experimentes temor, lánzate contra aquello que lo causa y arranca la bandita. Descubrirás el poder que te traerá tu valentía.

5. *Que sobre del 20% al 50% de lo que generas.* Esto es lo que se conoce como prosperidad y es lo que te ayudará a dormir tranquilo en las noches, pues te sentirás millonario, abundante y sumamente respaldado. Si te sorprende pensar en que te sobre el 50%, para que veas que sí se puede, a mí para el momento en el que me encuentro escribiendo este libro, me sobra cada mes un 70% de lo que genero. Claro que para ello se requiere llevar a cabo una serie de pasos. Primero, asegurarte de contraer tus fijos para reducirlos al mínimo. Haz un análisis financiero para revisar a detalle en qué se va tu dinero cada mes, identifica los gastos innecesarios o aquello en lo que pagas sobrado y comienza a cancelar o eliminar gastos excedentes. Pregúntate siempre, ¿realmente necesito esto?, ¿va a afectar a mi vida si lo dejo ir?, ¿hay manera de reducirlo? Establece presupuestos para lo indispensable y organiza tu economía personal. Una vez que lo hayas hecho, sigue eliminar todas tus deudas, ya sea que uses todo el sobrante de dinero que comenzarás a tener para aportar a capital hasta liquidarlas, o puedes hacer una lista de todas tus deudas, acomodando los montos de menor a mayor, para ir liquidando una por una, empezando por la menor, hasta desaparecer la más grande de ellas, incluyendo créditos hipotecarios. Una vez que lo hayas hecho, asegúrate de acumular al menos el equivalente a un año de tus fijos, y entonces disfruta tu dinero, pero aléjate de las deudas y de los gastos innecesarios, para mantener una economía sana. Y de preferencia, usa ese sobrante de dinero para invertir en ti mismo, lo que nos lleva al siguiente punto...

6. *Haz de ti, tu mayor activo.* La mejor inversión que puedes hacer es en ti mismo, sobre todo si va enfocado a desarrollar y crecer tu joya divina. Cuando te nutres a ti, vienen soluciones a tu mente, se desarrollan tu ingenio y tu creatividad, tu panorama se amplía a más posibilidades, la inspiración fluye y la seguridad aumenta, comienzas a creer en ti mismo y en tu intuición. Fluyes, disfrutas y generas mucho más con un menor esfuerzo. Es mejor invertir en ti y en tu plan de vida, que en negocios o en la bolsa de valores, porque al expandir tu consciencia, te abres al flujo del universo y nuevas ideas llegan a ti, entonces generarás mucha más riqueza, con menor inversión y con muy poco de tu tiempo. Tu proceso de creación pasará a ser ligero, gozoso y divertido, lo que nos encamina al último punto....

7. *Genera tiempo libre para seguir creciendo.* Sistematiza tus procesos, no te satures de actividades innecesarias. Busca siempre cómo crear un mayor impacto, con un menor esfuerzo. Para tener grandes ideas, la mente requiere descansar, si vives agotado, tu creatividad se verá afectada, no tendrás ganas siquiera de pensar. Por eso es indispensable darnos tiempo para nosotros, para la familia, para disfrutar. Permite a tu consciencia guiarte a través de la intuición, fluye en el proceso, deja que todas las ideas se acomoden solas, que la inspiración llegue, dale su tiempo. Verás que al descansar llegarán a ti las respuestas, se despertará tu ingenio y crearás cosas extraordinarias. Comienza dedicando a tu joya al menos tres horas diarias y asegúrate de disfrutarlo, si es algo que amas, será algo que gozarás inmensamente. Si tienes un trabajo o negocio que no te da ánimo, velo como algo momentáneo, como un sustento vehículo para llegar eventualmente a vivir de eso que tanto te gusta. Cuando encuentres la dicha en el servir, todo fluirá y notarás que en esas tres horas estarás generando más de lo que ganas en tus ocho horas de trabajo. Hay quienes pasan de ganar de ocho a cuarenta dólares la hora de forma inmediata y con el tiempo llegan a producir hasta cincuenta mil dólares en una hora. Sólo goza el proceso, disfrútalo en el presente, entrégate, fluye y permítete recibir del universo.

Recuerdo que, en una ocasión, pregunté al maestro que me enseñó sobre las joyas qué hacer si en ese camino me llenaba de temor a la incertidumbre en relación a lo económico. Él se limitó a responderme que tuviera certeza.

En ese momento sentí una gran frustración, pensé: "si tuviera certeza, obviamente no haría esta pregunta. ¿Cómo genero esa certeza?". Me tomó años alcanzar el entendimiento de que la certeza es como un músculo que debe ejercitarse, por lo que si llegas a experimentar ese temor a la incertidumbre económica, lo mejor que puedes hacer es pensar cuánto dinero eres capaz de generar siempre, sí o sí. Si tienes un negocio, define cuánto es el mínimo que estás seguro que puedes producir cada mes. Si tienes un empleo, pregúntate, ¿cuanto es lo mínimo que puedo generar al mes si mi trabajo dejara de existir? Ya sea vendiendo cosas o encontrando un nuevo trabajo, ¿de cuánto sería, mínimo, el sueldo que podrías conseguir en un tiempo que te traiga paz? Una vez lo tengas claro, vive en base a esa certeza. Si por ejemplo, actualmente estás generando tres mil dólares al mes, pero tu certeza te dice que la cantidad segura que puedes obtener es de dos mil dólares, entonces vive como si ganaras únicamente esos dos mil dólares y deja que el resto sobre.

Conforme vayas aumentando tu certeza de generar montos mayores, entonces eleva tu calidad de vida. La incertidumbre llega cuando elevamos nuestros costos por encima de un monto que no tenemos la seguridad de poder sostener. Ayúdate a ti mismo, desapégate de las cosas, del *status* y elige la paz interior. Conforme tu mente se expanda, irás rodeándote de más lujos sin comprometer tu plenitud.

Ahora, separemos los conceptos de abundancia y prosperidad, dado que no son sinónimos ni representan lo mismo energéticamente hablando. Comencemos por explorar la primera.

La abundancia es recibir mucho de algo, puede ser dinero, amor, salud o libertad. Este concepto se relaciona con la polaridad energética del género femenino, la cual tiene que ver con recibir y con la abundancia de mente, con todo lo interno, por ejemplo, la inspiración, la creatividad y la intuición.

Esta energía se incorpora desde la etapa fetal y por ende se relaciona directamente con mamá, pues al estar en su vientre recibíamos el suministro necesario, en la cantidad y en el momento deseados. Ahí aprendimos que podíamos recibir incondicionalmente y conocimos el amor propio, pues nos permitíamos tomar libremente lo que deseáramos sin limitarnos a nosotros mismos, y a la vez nos era entregado sin pedírsenos nada a cambio, más allá de nuestra existencia. Podíamos obtener todo lo que quisiéramos simplemente por *ser*. ¿Por qué entonces, si ya sabíamos que todo era posible para nosotros dado que somos muy amados, olvidamos este conocimiento?

El problema vino después, cuando nos sentimos con el derecho de emitir juicios hacia mamá, que el juicio no es otra cosa que tu temor haciéndose manifiesto, debido a todo aquello que ves en mamá que no quieres para ti. Como ella es uno de tus más grandes ejemplos en la vida, le juzgas al querer ponerte por encima de todo aquello que no te gusta.

El tema es que tu subconsciente, el administrador de toda la información que viaja entre tu consciente e inconsciente, es como una computadora programada para seleccionar y llevar al consciente todo aquello que nos puede servir para sobrevivir, mientras almacena aquello que no considera relevante, mandándolo a la papelera o a los archivos de la mente inconsciente. Cuando emites un juicio hacia tu madre, tu subconsciente lo reconoce como un error, algo que no te es útil, entonces busca su origen, que se encuentra en mamá, y suprime todo lo relacionado a esa fuente de información, incluidos los conceptos de amor propio e incondicional, esto desde luego repercute en tu auto-estima, que es necesaria para permitirte recibir, trayéndote depresión y reflejando un bloqueo en tu abundancia.

Con papá pasa lo mismo, sólo que en términos de prosperidad, que es retener aquello que llega y hacerlo crecer. De papá incorporamos la energía masculina, que tiene que ver con todo lo externo, el expresar, el dar, el llevar las cosas a la acción, el construir y el triunfar. Cuando emitimos juicios hacia papá, suprimimos todo lo relacionado con el triunfo, el empuje, el ingenio, el ejecutar y el aterrizar las cosas a través del raciocinio. Esto repercute directamente en nuestro auto-reconocimiento, lo cual no nos permite percibir que hacemos las cosas bien y por ende no hay motivación para crecer, trayéndonos ansiedad e incertidumbre, que son un reflejo de un bloqueo en la prosperidad.

Todos hemos emitido alguna vez juicios hacia nuestros padres, sin excepción, aunque no seamos conscientes de ello. Quienes despiertan estas energías en ellos mismos, son aquellos que han llegado a transmutar el juicio por medio de la comprensión, han perdonado a sus padres y por ende han reprogramado su mente desde la forma de amor más pura. Esta solución incluso está en la biblia, es el cuarto mandamiento entregado a Moisés: "Honrarás a tu padre y a tu madre." Pero ¿qué significa honrar? Básicamente agradecerles por darte el regalo más grande que posees, que es tu existencia. No requieres conocer su historia para comprenderlos y poder perdonarlos, basta con ser consciente de que sin ellos no estarías en este mundo, no tendrías lo más preciado que posees: la vida.

No importa cuánto puedas llegar a fantasear con haber tenido otros padres, es algo que en ningún plano de la creación es posible, a menos que eligieras ser enteramente otra persona, pues para que seas quien eres hoy, este ser humano con un nombre, rostro y personalidad determinados, era indispensable combinar la genética de tus dos padres biológicos. A través de ella fue como se configuró tu forma física, tus talentos, aptitudes y cualidades, todo aquello que conforma lo que hoy eres. Así es que hayan estado presentes en tu vida o no, ya sea que conozcas su historia o no, basta con agradecer a mamá por elegir traerte al mundo y cargarte en su vientre por nueve meses, así como a papá por aportar la semilla que creó tu cuerpo. Sin estos dos componentes, hoy no estarías aquí leyendo estas líneas.

Si lo piensas con detenimiento, ellos realmente nunca te fallaron, lo que te llegó a dañar fueron tus propias expectativas, aquellas que depositaste en ellos, sobre lo que, según tú debías recibir de ellos, al estar comparando tu historia con la de otros. Lo voy a explicar de una forma muy clara: imagina que tienes un pan que quieres tostar, entonces te diriges hacia la licuadora, lo depositas dentro de ella y la enciendes mientras ves cómo tu pan se hace pedazos. ¿Realmente te puedes enojar con la licuadora por despedazarlo en lugar de tostarlo? ¡Claro que no! Fuiste tú quien puso el pan en un electrodoméstico que no estaba programado para cumplir la función que tú estabas buscando, el cual se limitó a entregarte lo único que sabía hacer. Pasa lo mismo con nuestros padres, quienes son representados por la licuadora, mientras el pan viene a ser tu expectativa.

Eres tú quien se crea esas ideas de lo que "deberías" obtener de tus padres, cuando ellos te entregaron lo que tenían para dar. Ellos fueron programados de cierta manera, e incluso ya dieron más de lo que recibieron, pues ya intentaron hacerlo mejor que sus padres. No podían entregarte lo que tú deseabas porque no sabían como hacerlo, dado que nunca lo recibieron. ¿Cómo vas a entregar algo que ni siquiera conoces? No puedes dar aquello que no tienes.

Sólo reflexiona sobre lo siguiente: *todas las acciones que realizan los padres, de cualquier niña o niño en el mundo, son impulsadas por el amor mismo.* Así es, por más difícil que sea de concebir, es el amor el que genera el primer impulso, que, al verse distorsionado por el temor, termina por convertirse en una elección de vida muy dura. Una madre o un padre que abandona a su cría es porque teme no poder ser suficiente para ella, porque no cree poder darle la calidad de vida que desearía. En el fondo es el amor que tiene por la criatura, lo que le lleva a elegir con el dolor de su alma, mejor removerse del camino. Todos podemos emitir el juicio y pensar lo mismo: "El bebé habría estado mejor si se quedaba", pero para esa persona eso no figuraba en su mente en ese momento, tomó la decisión que le pareció más adecuada para su hija o hijo. "Es que el papá se fue por borracho", ¿tú por qué piensas que tomaba? Estaba aterrado porque no se sentía suficiente. "Mi mamá era una dejada", porque temía que te quedaras sin sustento. "Mi padre me agredía", porque temía no poder transmitirte cuál era el camino correcto de otra manera. Cada uno tuvo sus motivos y por más sorprendente que parezca, fueron alimentados por el amor más puro.

Pero si a pesar de todo esto que estás leyendo, te cuesta muchísimo trabajo honrar a tus padres, entonces revisa la configuración de tu genética, porque es posible que en tu ADN haya información que te esté limitando para tomar tu lugar de hija o hijo. De acuerdo a la metodología de la Bio-descodificación, cargamos con información genética específica de ciertos ancestros, que nos lleva a repetir patrones en la vida, esto con el fin de enmendar o arreglar los errores del linaje para liberar a nuevas generaciones. Estos ancestros de los que cargamos información genética son llamados *dobles* y para descubrir quiénes son, se usa la siguiente tabla de lealtades inconscientes:

ENERO	FEBRERO	MARZO
ABRIL	MAYO	JUNIO
JULIO	AGOSTO	SEPTIEMBRE
OCTUBRE	NOVIEMBRE	DICIEMBRE

Como podrás ver, los meses del año se agrupan en tres columnas diferentes. Según la Bio-descodificación, deberás acomodarte a ti y a tus ancestros en el mes de nacimiento correspondiente. Si llegas a encontrarte en la misma columna vertical que alguno de ellos, quiere decir que eres su doble y que vienes a repetir sus patrones en tu vida. Pero no termina ahí, existe algo llamado "rango de afinidad" que te coloca un radio de diez días alrededor, a partir de tu fecha de nacimiento. Por ejemplo, si yo nací el treinta de noviembre, mi rango de afinidad se extiende hasta el veinte de noviembre (quedándome dentro de mi mes original) y hasta el diez, no sólo de diciembre, sino de toda la columna de la derecha, que abarca también los meses de marzo, junio y septiembre. Esto significa que, si algún ancestro mío nació antes del día diez de esos cuatro meses, soy su doble.

El sentido que se encuentra detrás de estas relaciones en el árbol familiar, es genético. Heredamos ciertos programas en nuestro ADN cuando coincidimos de alguna manera en el ciclo de concepción o nacimiento con alguno de nuestros ancestros, dadas las memorias celulares que se activan, provenientes de ambos progenitores, en el periodo de nuestra gestación. Somos impresos con esa configuración que se hace presente. De ahí nace esta tabla. Y aunque gracias a Rupert Sheldrake y su estudio de los campos morfogenéticos, podemos decir que estos vínculos también se presentan energéticamente en la vida con personas ajenas a la familia, los más fuertes son aquellos que llevan involucrada la genética. Por lo mismo, es importante mencionar que estos vínculos no están limitados únicamente a la fecha de nacimiento. También pueden generarse por fecha de fallecimiento, por llevar el mismo nombre de un ancestro o hasta por simple parecido físico.

¿Por qué te explico esto y qué tiene que ver con nuestra experiencia de riqueza? Porque hay programas en nuestro ADN que nos pueden estar afectando para honrar a nuestros padres, por el juicio interno que nos llevan a desarrollar contra ellos. Primero, revisa si eres doble de alguno de tus abuelos, maternos y paternos (cada abuelo y abuela). ¿Por qué? Si eres doble de alguno de tus abuelos, eso significa que en tu genética hay información escrita que indica que eres padre o madre de alguno de tus progenitores. Te lo explico a mayor detalle con mi propio caso: yo soy de noviembre, mientras que mi abuelo paterno es del mes de agosto, y según la tabla somos dobles. Eso significa que en mi genética hay información guardada que dice "Padre de Marco Antonio Pastrana de la Portilla" (mi papá). El problema con esto es que, por ese simple hecho, nos sentimos con el derecho de voltear a ver hacia abajo a nuestros padres, señalarlos y juzgarlos. De forma inconsciente tomamos el lugar de padres con ellos. Si eres doble de alguno de tus abuelos maternos, por eso juzgas con tanta facilidad a mamá, bloqueando tu abundancia. Si eres doble de alguno de tus abuelos paternos, por eso juzgas tan duro a papá, bloqueando tu prosperidad. Es importante que lo hagas consciente, para que devuelvas su lugar de padres a tus abuelos y tú tomes tu lugar de hija o hijo. Basta con que seas consciente de lo que esta pasando para resolverlo, pero si quisieras trabajarlo en alguna terapia, busca a un especialista en Bio-descodificación o en Constelaciones Familiares.

Con los padres, por otro lado, existen cuatro escenarios diferentes que pueden estarnos llevando a juzgarlos debido al resentimiento inconsciente que acumulamos contra ellos, a causa de nuestra configuración genética. La cual, debo aclarar, no es culpa de ellos. Tú la elegiste antes de venir al mundo para crear tu propia experiencia evolutiva, para que tu alma madure y adquieras mayor sabiduría. La buena noticia es que ser consciente de estos vínculos o la carencia de los mismos, es un gran paso hacia adelante. Por eso, te presento un resumen de los cuatro tipos de lealtades que existen con papá y mamá, según lo expone el genetista Eduard Girbau en su libro de Psicología Transgeneracional, titulado: "Vínculo".

1. *Afinidad directa:* si descubres que eres doble del progenitor de tu mismo sexo (mujer con mamá, hombre con papá), tienes un vínculo que te llevará a repetir los mismos patrones de ese progenitor. Al identificarnos con su género, elegimos por instinto seguir sus pasos. Si este progenitor, por ejemplo, tenía problemas económicos, por lealtad para ser bien visto a sus ojos y pertenecer al clan

repetiremos el patrón (ya que debido a la herida de separación de Dios que tenemos, todos queremos pertenecer a algo: equipo deportivo, grupo de amistades, pero sobre todo al clan familiar). Este tipo de lealtad genera mucho juicio hacia ese progenitor, ya que todo aquello que no nos guste de él y que veamos reflejado en nuestro actuar será atribuido a su ejemplo, convirtiéndonos en una víctima suya, en lugar de tomar responsabilidad para elegir diferente, lo que es precisamente la solución. Tomar consciencia de ello, nos permitirá honrar las decisiones de nuestros padres sin juzgarlos y liberarnos para elegir diferente si queremos otra cosa en nuestra vida.

Algo importante a resaltar es que, si el vínculo se revela saltándose un renglón en la tabla (enero y julio, abril y octubre, febrero y agosto, mayo y noviembre, marzo y septiembre, junio y diciembre), a eso se le llama "doble maestro". Quiere decir que ambos vinieron a aprender grandes cosas uno del otro, por ende, la relación puede ser más complicada, detonando más resentimiento y juicio hacia el progenitor.

2. *Complejo de Edipo*: si, por el contrario, el progenitor con el que descubres que hay un vínculo es del sexo opuesto (hombre con mamá, mujer con papá), serás como su pareja energética, lo que repercutirá en tus relaciones amorosas y en algunas ocasiones, también con el padre del mismo sexo, despertando competitividad, celos o rivalidad entre ambos. Esto despierta un gran resentimiento inconsciente hacia el progenitor con el que se generó el vínculo, ya que fue la aparente causa que ocasionó el distanciamiento

con el otro. En cuanto a la vida amorosa, existen dos escenarios: si recibiste amor de ese progenitor, habrá sido tan embriagante que no querrás renunciar a él, volviéndote adicto al enamoramiento, por ser lo que más se le semejará. El problema es que esa etapa en la relación de pareja termina, por lo que habrá una sensación de que ninguna pareja es suficiente y de vacío constante por no encontrar plenitud con una sola persona en un mundo que es principalmente monógamo. El amor de mamá, naturalmente no puede encontrarse en alguien más, por lo que la condición persistirá hasta que se sane el vínculo o el progenitor fallezca. Por otro lado, si no hubo amor por parte del progenitor, tenderás a buscar en la pareja a alguien que sea su doble, para ver si logras de este modo obtener ese amor que te faltó. Pero encontrar un doble de un padre o una madre dentro de este escenario significa que será también tu doble, lo cual es un amor difícil. Al inicio, la relación será muy intensa, pero con el tiempo, cuando pase la etapa del *idilio* (el enamoramiento), se creará un incesto energético. Estas dos personas vivirán como hermanos y chocarán mucho o se llevarán muy bien, pero se perderá la intimidad.

Ambos escenarios, por supuesto generan mucho resentimiento de manera inconsciente con el progenitor del sexo opuesto, ya que no podemos desarrollar una relación de pareja plena "a causa suya". Pero esto es un tema genético, repito, ellos no tienen la culpa. Además, depende enteramente de ti crear la relación que sueñas. Toma consciencia de esta situación, para que elijas algo diferente para ti. Puedes por supuesto ayudarte con un acto psicomágico, si así lo deseas. Firma un divorcio simbólico con tu progenitor. Si aún vive, asistan juntos con un abogado que les haga un documento de divorcio y fírmenlo para sanar el vínculo. Si ya no vive, suéltalo, la relación de pareja energética ha sido disuelta en el momento de su fallecimiento.

3. *Triángulo Dorado:* si resulta que eres doble de ambos padres, quiere decir que probablemente ellos son dobles también, aunque no es una regla en este caso. Si ellos fueran dobles, tú serás usado como mediador dentro de su relación. Se habrá creado un trinomio, en el cual tú serás el punto de unión entre ambos progenitores, ya que ellos estarán viviendo un amor difícil, mientras tú tienes afinidad directa con uno y un Edipo con el otro. Serás su salvación. Pero esto te privará de hacer tu vida con libertad, ya que sentirás la responsabilidad de estar siempre resolviendo todo lo que surja entre ellos. Si ellos no fueran dobles, de cualquier modo, te verás secuestrado emocionalmente por ellos, serás muy amado e incluso mimado, pero no podrás volar para crear tu propio nido en plenitud. Siempre tendrás un pie puesto en tu hogar de origen, al pendiente de tus padres, quienes incluso te chantajearán emocionalmente para que no te alejes de ellos. Esto será un potencial problema dentro de tu propia relación de pareja. Tu cónyuge sentirá que tus padres son tu prioridad, muy por encima incluso del matrimonio. Esto, desde luego genera resentimiento inconsciente y juicio hacia los padres. Para resolverlo, basta con tomar consciencia

de ello para marcar límites a los padres y volar. Pero si quieres hacer un acto psicomágico, lleva a cabo también un divorcio simbólico, esta vez con ambos (si viven), para disolver el trinomio.

4. *Herida de Caín*: el último escenario que podrías encontrar, es que no haya vínculo con ninguno de tus progenitores. Tal vez, al ver esto pienses que estás a salvo, que ya no hay nada que trabajar. No podrías estar más lejos de la realidad. Este es probablemente el caso más complejo de todos. Lee bien: no hay vínculo con ellos. Tal vez no repetirás sus patrones y serás mucho más independiente, pero siempre sentirás que algo no te fue entregado. Así hubiera un gran afecto, parecerá que algo faltó. Te sentirás sin razón aparente, excluido y ajeno al clan, como la oveja negra. Entonces decidirás hacer honor a este título y convertirte en el rebelde de la familia o, por el contrario, convertirte en la hija o hijo perfecto para ser aceptado en el clan.

Si llegara a haber un hermano que sí tiene vínculo, esta situación se agravará, sobre todo si el otro hermano está en un Triángulo Dorado. ¿Por qué crees que se llama "La herida de Caín"?, ¿Conoces la historia de Caín y Abel? Permíteme recordártela: En el Edén, Adán y Eva tuvieron primero dos hijos: Caín, el primogénito, que era agricultor; y Abel, su hermano, que era pastor. Ambos debían hacer ofrendas en retribución a Dios por lo que les era suministrado para administrar. Caín tomó los primeros frutos de la tierra que tuvo a la mano y los llevó como ofrenda, mientras Abel llegó con el mejor de sus corderos. Dios miró con buenos ojos que Abel eligiera compartir con él lo mejor que tenía. Caín, al haber llevado lo primero que encontró, no obtuvo el mismo reconocimiento y se llenó de envidia. En lugar de aprender de su hermano, lo asesinó. Esto no significa que si tienes esta herida, la vida de tus hermanos estará en riesgo frente a ti, pero la envidia sí puede llevarnos como seres humanos a cometer otro tipo de atrocidades, como reprocharles a los hermanos todo lo que obtienen de los padres, aunque seas tú quizá quien más haya recibido, haciéndolos sentir culpables hasta que busquen pasar inadvertidos para no generar problemas contigo. Quien tiene esta herida por lo general, de manera inconsciente, querrá quedarse con todo lo material, sobre todo en la herencia, porque "los hermanos que sí tienen vínculo ya recibieron de papá y mamá, lo que ellos no."

Lo peor de todo, es que si ese hermano o hermana que sí tiene vínculo con los progenitores es del mismo sexo a quien tiene la Herida de Caín, también se generará la sensación de que la pareja siempre amará más a otra mujer u hombre, haciendo que esta sensación de envidia se convierta en unos celos enfermizos. Por supuesto que este es el escenario que más resentimiento y juicio genera hacia los padres. Pero no es en vano, quien eligió vivir una Herida de Caín lo hizo con un propósito. Son aquellos que vienen a reforzar el amor incondicional, para dar un salto enorme en su proceso evolutivo como almas. La solución a esta condición, es amar sin algún interés de por medio, entregarlo todo sin esperar nada a cambio. A los padres, a la pareja, a los hermanos y a todos aquellos que nos rodean. De esa forma, es como se crean los vínculos más fuertes. Quien tenga esta Herida, aprenderá a crear sus propios vínculos dando lo mejor de sí mismo, siempre que siga el ejemplo de Abel y no de Caín. Algo que le ayudará mucho para comenzar a construir este camino, es sacar todo el dolor y resentimiento que tenga acumulado con sus padres por haberse creído excluido, en una hoja que no será pensada para entregarse, sino para ser quemada y sus restos posteriormente deberán ser enterrados bajo la tierra.

Sé que esto en un principio puede volverse un poco complejo. Aclaro que este trabajo sólo es indispensable si hubiera dificultad para honrar a tus padres, si esa no fuera tu situación, haz caso omiso a lo de las lealtades inconscientes y escribe una carta a cada uno de ellos. Si no quieres ir a terapia para resolver este asunto, basta con honrarlos y agradecerles por la vida. Así es que, escríbele una carta a cada uno, basándote en los siguientes lineamientos:

1. *Compréndelos*: eso te ayudará a librarte de los juicios que solamente te están dañando a ti. No necesitas conocer su historia, basta con entender que te dieron lo que ellos pudieron de acuerdo a lo que recibieron o aprendieron. No sabían cómo darte lo que tú esperabas, fueron tus expectativas las que te dañaron, no ellos.

2. *Perdónalos*: de esta forma dejarás de ser su víctima y recuperarás todo tu poder a través de la responsabilidad. Al guardar resentimiento hacia ellos, les estás entregando todo tu poder. Hazlo por amor propio, libérate para crear algo diferente.

3. *Acéptalos*: tú los elegiste así para algo, requerías vivir esas experiencias para adquirir sabiduría, así es que también perdónate a ti, de nada te sirve cargar con culpa por haber elegido esa historia, permítete liberarte de tus propias auto-limitaciones.

4. *Hónralos*: agradéceles por haberte dado la vida, con eso los tomas como padres, sin importar lo que haya pasado, ellos te dieron el regalo de tu existencia. Así es que tómalo y permítete recibir también de ellos las energías masculina y femenina.

Esta carta deberás escribirla para ti, en ningún momento será pensando en entregárselas, dado que no sería sincera y entonces no tendría el efecto deseado. Escríbela pensando que la vas a quemar al terminarla. Ya una vez la concluyas, tú sabrás qué hacer con ella.

Para que sirva de ejemplo y pueda comprenderse la dimensión, el peso y el poder que tiene el honrar a nuestros padres, te platicaré una historia personal.

Yo soy hijo de quien fue en vida un hombre muy abundante y próspero, a quien le realizaron, como te comenté al inicio de este libro, un trasplante de corazón cuando yo tenía un año de edad, lo que le concedió trece años más en el mundo. Siendo ya un adulto, y al tener todo este conocimiento, el cual fui adquiriendo principalmente gracias a mi madre, quien siempre tuvo una gran sed de superación personal y desde muy temprana edad me involucró en este asombroso mundo del desarrollo humano, comencé a notar que tenía la capacidad de atraer ganancias de una forma muy abundante, sin embargo, algo había atorado en relación a mi prosperidad, pues todo lo que ganaba se me colaba entre los dedos de las manos, lo que me generaba una terrible ansiedad.

No lograba comprender el por qué, sabía que debía ser algo relacionado a papá, pero según yo, no emitía ningún juicio hacia él, quien era mi héroe y por supuesto, al haber fallecido era intocable. Me dije a mi mismo, que quizá estaba molesto porque sentí que me dejó, pero en mi interior eso no me generaba una sensación de juicio, era muy consciente que esa era una herida personal y que él no me había abandonado, al contrario, siempre lo he sentido presente, guiándome, a pesar de no tener un cuerpo físico.

Tiempo después, descubrí que sí estaba molesto por algo que se estaba convirtiendo en un juicio, que era el no haber recibido de su parte una herencia sustanciosa. Mi padre perdió gran parte de su fortuna en la cirugía del corazón y cuando falleció hubo repartición de bienes entre varios miembros de la familia, por lo que mi herencia material no fue lo que según mi expectativa yo habría querido recibir de mi padre. Me di cuenta de que sí lo juzgaba por no haber dejado un negocio multi-millonario que sus hijos pudiéramos heredar. Al ver esto, acudí inmediatamente a una terapia con uno de mis más grandes maestros en la vida, quien me llevó en consciencia a tener una profunda conversación con mi padre, que culminó con un gran regalo. Al final de la conversación, mi padre tomó algo reluciente entre sus manos, que emanaba una luz dorada entre sus dedos. Cuando abrió las manos, reveló un corazón de oro, el cual extendió y me entregó. En ese momento recordé que yo siempre le decía de pequeño "¿verdad que te pusieron un corazón de oro para que te quedaras más tiempo conmigo?", incluso yo tenía una calavera de felpa con un corazón dorado que llevaba conmigo a todos lados, y jamás me di cuenta que representaba el triunfo sobre la muerte que tuvo mi padre. En ese momento, como es de esperarse, no podía parar de llorar.

Al salir de esa terapia, investigué el significado del corazón de oro y descubrí que es un término alquímico que se refiere a la transformación del corazón del Ser, del plomo al oro, representa el sol del Ser, la autenticidad, el gozo por la vida, el amor incondicional, la humildad, el servicio y la fe absoluta en Dios, características que sí se reflejaban en mi padre.

Fue en ese momento cuando me di cuenta que su herencia no fue material, sino espiritual, que fue para la evolución de mi alma, para recordarme quién soy, algo que, por añadidura, me traería por mis propios medios riqueza material y además me permitiría saborear al haberla construido por mí mismo y gozar esa gran realización. Recuerdo que en ese momento se disolvió mi juicio y caí de rodillas en agradecimiento, honrando así a mi padre y sintiendo una admiración aún mayor por él, a niveles mucho más profundos. Y lo más sorprendente, es que como por arte de magia, a partir de ese momento, me empezó a sobrar el dinero, inmediatamente comencé a experimentar prosperidad en mi vida.

Si tomas esto en serio, verás reflejadas transformaciones en tu vida que te llevarán a vivir cosas que antes sólo creías posibles en tu imaginación. Así es que escribe tus cartas, ahora.

Carta a mi padre

Te comprendo por...

_____

_____

_____

_____

_____

_____

Te perdono por...

_____

_____

_____

_____

_____

_____

Te acepto por...

_____

_____

_____

_____

_____

Te honro por...

_____

_____

_____

_____

_____

Carta a mi madre

Te comprendo por...
_____
_____
_____
_____
_____
_____

Te perdono por...
_____
_____
_____
_____
_____
_____

Te acepto por...
_____
_____
_____
_____
_____

Te honro por...
_____
_____
_____
_____
_____
_____

CAPÍTULO 4
LA ENERGÍA DEL DINERO

Una vez que hayas honrado a tus padres, es momento de empezar a construir una gran relación con el dinero, pues no se trata de ser solamente prospero y abundante en salud, amor o libertad, sino también de vivir en plenitud materialmente hablando. La verdad se me haría muy raro encontrarme con alguien a quien no le guste la idea de ser un imán de dinero. Por eso, en breve tú recordarás cómo atraerlo sin esfuerzo.

Cuenta una leyenda que existe una diosa del dinero, a la cual todos le imploran y adoran, por la misma razón ella se siente interesante y se da el lujo de hacerse del rogar, hasta que sus súbditos descubren que existe otra diosa, que es la del conocimiento y comienzan a sentirse más atraídos por ella. Esto por supuesto, genera celos en la diosa del dinero, la cual comienza a buscar nuevamente la atención de sus seguidores, yendo tras ellos. Eso es justo lo que está pasando ahora, al estar adquiriendo conocimiento, de entrada, ya eres más atractivo para la energía del dinero, sin embargo, este es un tema mucho más profundo y si lo eliges, puedes llevar tu relación con el dinero a su más alto grado de expresión.

Para ello, comencemos por hacer una breve reflexión.

Imagina que eres la persona más abundante en la tierra. Eres millonaria o millonario. Eres poderosa o poderoso, y es tanto tu poder y tu riqueza, que eres famosa o famoso. Todo el mundo desea estar cerca de ti, pero te ven tan grande, tan inalcanzable, que antes de darse la oportunidad para conocerte, prefieren empezar a despotricar sobre ti. Comienzan a hacerte responsable sobre todo lo que les sucede, a decir que eres el origen de todos los males y que si no existieras el mundo sería un lugar mejor. Imagina que digan que eres sucio y que la única manera que existe para acercarse a ti es siendo corrupto. Mientras tanto, las personas que tienen acceso a ti, te asfixian, no te quieren dejar ir bajo ninguna circunstancia, por miedo a que no vuelvas, absorbiéndote todo el tiempo, queriéndote controlar, queriendo decidir por ti qué hacer con tu gran abundancia. Imagina que te vean como una posesión y no te dejen fluir. Que tú sepas que hay de ti para todos, pero sólo unos cuantos quieran acaparar toda tu atención. Imagina ser un esclavo abundante, trabajando para los intereses de pocos, mientras ves cómo tantos sufren por hambre. ¿Querrías tú estar cerca de esas personas, que te ven y te tratan de esa manera? Claro que no. Justamente así se siente el dinero.

Acabas de leer lo que es un día común en su existencia. El dinero es un ente, es energía. Entre más libertad le des y entre más le permitas fluir, más va a querer estar a tu lado.

Si te detienes a pensarlo un poco, absolutamente todo en el universo está compuesto de electrones, y ¿qué son los electrones sino energía? Por ende, el dinero, al igual que tú y todo lo que te rodea, es energía. Pero aquí sucede algo maravilloso, pues para este momento en el que me encuentro escribiendo estas líneas, un grupo de científicos se está planteando la hipótesis de que la energía es lo mismo que la consciencia. Eso quiere decir que detrás de cada electrón del cosmos hay consciencia, la consciencia universal o de Dios, que se fragmenta en millones de sub-consciencias para crear una ilusión de individualidad, entre ellas se encuentra la tuya y por otro lado, la del dinero.

Eso significa estar hechos a imagen y semejanza de Dios, somos su consciencia misma, manifestándose a través de las partículas primigenias, que son los electrones, los cuales representan a Dios mismo en el mundo material. Por eso, cada vez que sujetas un billete, estás interactuando con electrones que pertenecen a una misma consciencia, la cual se materializa en lo que conocemos como dinero. Eso quiere decir que el dinero también siente, piensa y actúa, pero jamás va a decidir si beneficia o si perjudica a alguien, pues es energía neutra que no juzga nada como bueno o malo. Sin embargo, esa entidad, que es un tipo de consciencia menos complicada que la humana, sí elige con quién se junta y con quién no, de acuerdo al tipo de energía que percibe emanando de una persona al interactuar con ella.

Sólo piensa en esto: si el dinero fuera una persona, ¿crees que querría acercarse a ti con lo que dices o piensas de él? Imagina que todo el tiempo digan que estás sucio y que hay que lavarse las manos después de tocarte, que digan que corrompes a los demás, que eres el origen del mal o que no eres lo más importante. ¿A ti te gustaría estar cerca de personas que dicen eso de ti?, ¿te agrada que la gente te juzgue todo el tiempo?, además, ¿qué no los juicios dicen más de la persona que los emite?, porque sabías que en cuestión de bacterias tú estás más sucio que el dinero, ¿verdad? Proporcionalmente hablando, tú albergas más micro-organismos en tu cuerpo que un billete, e intercambias más gérmenes al besar a alguien que al sostener monedas en tus manos. Pero así como un beso te vuelve más sano, porque hace que tus defensas se fortalezcan, de igual forma el dinero no te dañará. Deja esos juicios de lado y comienza a tratarlo como a un ser vivo, si quieres que esté cerca de ti.

Yo entiendo que tal vez en el fondo te sientes molesto con él, claro, porque es muy probable que tengas una herida de abandono latente con el dinero. Si no estás familiarizado con *Las heridas que impiden ser uno mismo*, de Lise Bourbeau, la herida de abandono en particular se genera cuando perdemos a un ser muy amado, que suele ser papá o mamá. Cuando esto sucede, es tanto el dolor que experimentamos que vivimos protegiendo nuestro corazón para no volver a vivir algo similar, lo que nos priva de entregarnos a una relación profunda.

Por eso, cuando alguien se vuelve cercano, tendemos a sabotearnos para no involucrarnos y que no nos duela tanto esa pérdida, anticipándonos a ella. Esto a su vez le da la razón a tu subconsciente de que siempre serás abandonado, entrando en un ciclo sin fin. Pero te tengo una noticia, el abandono no existe. Depende enteramente de nosotros elegir si permitimos que alguien deje de formar parte de nuestra vida o no. Si tu pareja termina contigo y tú quisieras salvar la relación, bastaría con revisar desde tu yo responsable qué generó esa ruptura, entonces buscar a tu pareja y negocia un *ganar-ganar* desde una nueva consciencia. Yo lo hice muchas veces a lo largo de mi vida. Una relación sólo está perdida cuando te rindes ante las dificultades que se presentan dentro de ella. Si, por ejemplo, papá salió de tu vida, y tú quisieras que siguiera formando parte de ella, depende de ti observar en el fondo, desde el amor más puro, qué fue lo que lo llevó a tomar esa decisión. Entonces, búscalo y negocia un *ganar-ganar* con él, en el que su temor no sea un obstáculo para tener una relación contigo. Si un ser querido muere, sólo dejó de tener forma física, pero su consciencia aún vive, depende enteramente de ti si continúas relacionándote con ella o no.

¿Te fijas? El abandono es una ilusión, es un juicio que se genera desde nuestra máscara de víctima, por no querer revelar al causante real, que somos nosotros mismos. Pero aceptar que tú creaste esas circunstancias, es lo que te da el poder para transformarlas. No se trata de lamentarse y latiguearse, sino de adueñarnos de nuestra vida y moldearla a nuestro antojo. Así es que ya sabes, no hay tal cosa como el abandono y, por ende, es momento de que sanes esa herida con el dinero también. Es una entidad muy querida con la que muy probablemente nos hemos victimizado por mucho tiempo, ya que seguro nos dolió que no estuviera presente en algún momento de nuestras vidas.

Particularmente, esta herida se genera bajo dos contextos diferentes, que nos llevan a dos extremos tóxicos con el dinero. El primero de ellos se da cuando naces en una familia sin dinero. Esto es equivalente a nacer y que papá, por ejemplo, no se encuentre en el mapa. Conforme crece, el niño no sólo se siente abandonado, sino que experimenta una fuerte sensación de injusticia al ver que otros niños tienen a papá presente en sus vidas y él no, por lo que si a papá se le ocurre regresar para volver a conectar con su hijo en algún punto, la reacción más común por parte de la persona que se sintió abandonada es rechazar a papá, diciéndole "no te necesito, nunca me has hecho falta, ¿por qué habría de quererte ahora en mi vida?". Esas palabras vienen de un gran dolor interior, y con el dinero pasa lo mismo, si eventualmente su energía busca manifestarse en la vida de quien creció sin él, esa persona tiende a sentirse igual que aquella que no tuvo a papá y presenta la misma reacción, rechazando al dinero. Imagina que alguien a quien amas te dijera todo el tiempo que no te necesita, eventualmente te hartarías y le dirías: "¡bien! Iré entonces a ser útil en la vida de alguien que sí me valore", y justo así responde el dinero a ese rechazo constante.

Ahora, existe un segundo extremo tóxico en la relación con el dinero, que es cuando creces en una familia donde hay riqueza y súbitamente todo se viene abajo. Yo experimenté esta herida de manera simultánea con el dinero y con mi papá. Esto es equivalente a cuando un ser querido, que estabas acostumbrado a tener en tu vida, repentinamente se va. El dolor es el mismo, pero se manifiesta de forma diferente.

En este caso, al haber probado ese amor, se genera una fuerte ansiedad por querer recuperarlo, lo que se ve reflejado en una dependencia dentro de las relaciones que termina por asfixiarlas, debido a que no se está de forma saludable en ellas, sino por una sensación de necesidad, en lugar de ser una elección consciente y libre, basada en un amor auténtico. Incluso llega a ser tan complicado, que cuando la otra persona no se va, que por lo general es debido a una co-dependencia (dos personas con la misma herida que se juntan), se busca sabotear la relación, pues entre más perdure, más íntima será y al momento de terminarla será mucho más doloroso, lo que lleva a la persona en esta situación a tomar decisiones que pongan a prueba el vínculo constantemente, buscando desde luego, que se rompa, pues su subconsciente quiere tener la razón de que serán abandonados y a la vez, busca protegerse de ese "dolor inminente", creando un círculo vicioso que no permite cesar a la sensación de necesidad por ese amor.

Esto mismo sucede con el dinero, al crecer en una familia bien colocada y de un momento para otro vivir una picada económica, se genera la misma ansiedad de necesidad, porque se busca desesperadamente recuperar la calidad de vida que ya se tenía. Cuando tú estás encima de otra persona todo el tiempo, la asfixias. Imagina alguien que te esté buscando todo el día, que te llame cada cinco minutos y si no le contestas te empiece a enviar mensajes de forma desesperada, llegando al punto de aparecerse afuera de tu casa o en tu trabajo para preguntarte por qué no respondes los mensajes. ¿Verdad que te sientes acosado? Justo así se siente el dinero cuando estamos encima de él todo el tiempo, por eso se aleja entre más lo buscamos.

Sin embargo, ten mucho cuidado, pues si a pesar de ello, el dinero eligiera darte una oportunidad y permanecer contigo, es muy probable que al tener esta herida, por miedo a que te vuelva a doler su partida, tú mismo te sabotees antes de acumular riqueza, porque te contarás la historia de que entre más tengas, más doloroso será perderla. Desde luego no lo harás de forma consciente, incluso tu misma energía creará fugas de capital, por ejemplo, por medio de accidentes automovilísticos o problemas en la casa que cueste grandes cantidades de dinero arreglar. Debes ser muy consciente de que tienes esta herida para que puedas manejar responsablemente tu propia mente.

¿Dónde está la solución, entonces?, ¿cuál es el punto de balance en el que se encuentra la relación de calidad con el dinero? Puede verse contenido en una sola palabra: "prefiero". Es el equivalente a decirle a otra persona: "la verdad no te necesito en mi vida, me siento completo y feliz conmigo mismo, sin embargo, prefiero que seas parte de ella". Hermoso, la salud mental misma expresándose, un amor auténtico hablando. Si tú agradeces todo lo que hay en tu vida, permaneciendo abierto siempre a recibir más, estás en el lugar más abundante que existe.

Cuando sientes que necesitas algo o te enfocas únicamente en lo que quieres, sin darte cuenta estás poniendo tu atención en aquello que no tienes y por ende entras en una consciencia de carencia. Por otro lado, si agradeces por todo aquello que tienes en el presente, aprendes a valorarlo y te permites gozarlo, tu atención estará en todo lo que sí hay en tu vida, por ende, te sentirás bendecido y serás inmediatamente una persona abundante. De este modo, surgirán pensamientos como este: "me siento muy contento con lo que hay en mi vida, me encanta mi casa y mi automóvil, claro que si me pones enfrente las llaves de una casa más hermosa o un automóvil más lujoso estaré abierto a recibirlos, porque prefiero disfrutar cada vez más la vida". No es necesitar, sino preferir.

Menciono la relación de calidad con el dinero, porque precisamente ese es el primer paso para experimentar una vida abundante, no se trata de amasar y de tener dinero en grandes cantidades, sino de llevarte bien con él, porque el dinero no siempre se manifiesta en forma de billetes, a veces lo hace también a través de oportunidades. Es capaz de llevarte a vivir experiencias millonarias, con muy pocos recursos, si eliges ser realmente su amigo.

Recuerdo una ocasión en la que vi un documental de Pablo Escobar, en el que preguntan a su hijo por qué él no eligió ser narcotraficante al igual que su padre, siendo hijo del hombre que ha amasado una mayor fortuna a través del crimen organizado. Su hijo respondió algo que aún me eriza la piel: "Porque hubo una ocasión en la que estábamos escondidos en una casa de seguridad de mi papá, donde había una mesa con montañas de billetes, millones de dólares en efectivo a un lado mío, y yo tenía hambre". No importa cuántos papeles seas capaz de juntar, si no la llevas bien con el dinero, de nada te servirán, pues la relación con el mismo va mucho más allá de la forma física. Por eso hay personas que ganan debajo de dos mil dólares al mes y con eso compran casa, automóvil de agencia y viajan con toda su familia, mientras hay otras que ganan arriba de seis mil dólares y viven en casas viejas, con automóviles de hace veinte años y no pueden viajar por estar ahogados en deudas o gastos. No es la cantidad, sino la calidad de la relación.

Una gran amiga mía me ayudará a ejemplificar este principio con mucha claridad. Ella siempre soñó con asistir a un *Super Bowl* de la NFL, y cuando lo imaginaba se veía sentada en primera fila, sin embargo, fue sometida a una cirugía de cerebro de la cual no quedó enteramente bien y sufría mareos repentinos, por lo que fue incapacitada de por vida. A pesar de recibir una pensión, su crecimiento se vio limitado y con ello muchos de sus sueños parecieron pasar a ser imposibles. Sin embargo, no quitó el dedo del renglón y se dijo a sí misma que de algún modo, sin saber cómo, las cosas se iban a dar. Entonces lo soltó y se enfocó en agradecer por todo lo que había en su vida hasta el momento, en lugar de sentir frustración por lo que no tenía. Al poco tiempo le apareció en internet una promoción de un vuelo redondo a la ciudad donde sería el próximo *Super Bowl*, por sólo doscientos cincuenta dólares. No podía creer lo que estaba viendo, checó que las fechas coincidieran y compró el vuelo. De inmediato entró a ver los boletos del evento y compró los más económicos que encontró, hasta arriba del estadio, por alrededor de cien dólares. Lo importante era que cumpliría su sueño, no tanto el lugar en el que se sentaría. Dejó para después la búsqueda de hoteles y en ese ínter casualmente se le vino a la mente el recuerdo de que en esa ciudad vivían familiares suyos, por lo que los contactó y les preguntó si podía hospedarse con ellos. Sin esperarlo, cubrió su estancia, sus alimentos y su transportación de forma gratuita. Una vez en el estadio, preguntó a un miembro del equipo de seguridad si podía ayudarla a subir a su asiento, debido a que sufría de mareos y le daba miedo rodar por la escalera. El guardia, sorprendido, le comentó que había asientos para discapacitados, que esperara a que comenzara el partido y si alguno de ellos quedaba libre podía sentarse allí. Ella esperó hasta que el guardia se acercó a ella y le dijo: "Se ocuparon los asientos de minusválidos, pero me acaban de avisar que en segunda fila hay un asiento que no se va a ocupar. Por su condición, prefiero que esté allá abajo, que arriba. Por favor sígame". Ella no podía creer lo que estaba pasando, acabó disfrutando el *Super Bowl* en un asiento que vale más de veinte mil dólares, con la vista que siempre imaginó en su mente y todo el viaje le costó tan sólo trescientos cincuenta dólares. Eso es tener una relación de calidad con la entidad que está detrás del dinero.

Te voy a contar mi propia historia ahora, para que sepas cómo relacionarte con el dinero a partir de este punto. Como ya he mencionado en más de una ocasión, yo provengo de un padre muy abundante, que se codeaba con las esferas más altas de México. Sin embargo, falleció cuando yo tenía sólo catorce años de edad y mi vida cambió en un instante; pasé de vivir en un ambiente de gran seguridad, a uno donde la incertidumbre generaba temor, algo que jamás volví a experimentar desde que elegí volverme amigo del dinero.

Tras la segunda picada económica de la que te hablé en la introducción del libro, se presentó un maestro en mi vida que literalmente me recordó este conocimiento, pues ya me había sido transmitido muchos años antes, pero en su momento, por el punto de mi vida en el que me encontraba, no le di mayor importancia. Sin embargo, siendo padre de familia y por la situación en la que me veía inmerso, no tenía nada que perder y elegí ponerlo en práctica.

Lo primero que hice fue preguntarme, si el dinero fuera una persona, ¿dónde lo tengo? En ese momento fui consciente de que se encontraba en el banco o guardado bajo llave, lo que es equivalente a tener a una persona prisionera. Inmediatamente corrí a sacarlo del lugar donde lo tenía guardado y me disculpé con él, le dije que no sabía cómo se sentía hasta ese momento y pensé: "claro, por eso en cada oportunidad que tiene para huir, lo hace". Recuerdo que lo coloqué en una repisa y con el tiempo lo moví a un mueble que se encuentra frente al televisor de mi recámara, para que estuviera más cómodo. Ahí lo he visto fluctuar desde hace años, haciéndose el bonche grande y pequeño, aunque de un tiempo para acá lo único que ha hecho es crecer. Si él quiere llegar a mí en efectivo o por transferencia lo dejo fluir y no altero el estado en el que él elige interactuar conmigo. Desde entonces he dicho que el mayor grado de abundancia sería si pudieras poner todo tu dinero en la mesa del comedor y dejar que fluya como le venga en gana. Si alguien lo roba, adelante, el dinero quería fluctuar y ya volverá por otro medio. Sólo quien tiene la seguridad de poder generar cualquier cantidad de dinero en el momento que lo desee, se atrevería a hacer algo como eso. Y el dinero le llovería, porque le estaría entregando total libertad, que es el mayor fruto que el amor puede dar, pues cuando amas realmente a otra persona, no la controlas, la dejas ser, amas quien es y le permites gozar de su entera libertad. Cuando alguien te trata así, es muy difícil que quieras dejar a esa persona. Por eso, si tratas así al dinero, puedes estar seguro de que siempre volverá a ti. No te estoy diciendo que yo ya me encuentro en ese punto, pero es como me parece que pensaría una mente realmente abundante. Yo aún me pongo nervioso en ocasiones, pero le hago saber a mi amigo dinero, que es porque me importa y que por la misma estima que le tengo quiero cuidar la relación, a lo cual ha reaccionado bastante bien, pues si le muestras indiferencia tampoco creo que lo tome de la mejor manera. Es como en una relación humana, hay que dar libertad, pero mostrar que la otra persona es importante para ti y que también estás al pendiente de ella.

Lo segundo que hice fue notar que jamás cargaba dinero en mi cartera, porque era de esas personas que, si salía con billetes regresaba sin ellos y no sabía ni en qué se habían ido. Así es que fui, tomé un billete de cincuenta dólares y le dije: "ahora irás conmigo a todas partes, no te pienso tener encerrado en la casa, si tú quisieras ir a algún otro lado en el camino, sé que eventualmente nos volveremos a ver, así es que no hay problema". Para mi sorpresa, ese billete permaneció conmigo tres meses. Después de un tiempo, llegó a mí un billete de cien dólares, que para mí, entre más grande su denominación, más presente lo siento. Ese otro billete se quedó conmigo aproximadamente seis meses, durante los cuales vi cosas sorprendentes suceder, como el hecho de que no me cobraran a falta de cambio, por el billete tan grande que yo tenía para pagar, ¡ahora resultaba que hasta me salían las cosas gratis! Hasta que un día tomé una terapia en la que sí me dieron cambio, así es que sólo le dije mentalmente: "qué gusto haberte tenido por aquí todo este tiempo, sabes que siempre eres bienvenido", lo solté y lo dejé fluir. Para mi sorpresa, al día siguiente llegó a mí otro billete de cien dólares, el cual permaneció conmigo por años.

Después noté que cuando salía a comer a algún restaurante, para mí siempre buscaba el platillo más económico del menú, pedía un solo platillo para que mis hijos lo compartieran y mi esposa lo notaba, entonces también se moderaba. Esto lo hacía según yo para cuidar el dinero, pero al llegar a fin de mes, notaba que no sobraba nada. Fui consciente de que si el dinero fuera una persona, sería el equivalente a salir a comer con un amigo tacaño que sólo se está fijando en los precios, y siendo el dinero una energía tan abundante, claro que le parecería incómodo, por lo que decidí relajarme y disfrutar en grande cuando saliéramos. Ahora pedía el platillo que se me antojara sin ver el precio –por lo general eligiendo el más caro del menú–, mis hijos comenzaron a elegir sus propios platillos cada uno y mi esposa se sintió con la confianza de pedir sin limitación. Para mi sorpresa, empecé a sentir que gastaba más y el dinero sobraba a fin de mes. Al parecer, antes, al sentirme tan limitado, me quedaba con una sensación de vacío que compensaba con gastos hormiga, los cuales se acumulaban en cantidades enormes. Cuando comencé a disfrutar, ese problema se resolvió y por eso empezó a sobrar. Por primera vez experimenté lo que es la prosperidad en toda la extensión de la palabra.

Tiempo después, ya cuando tenía más experiencia en el tema, recuerdo que se descompuso nuestro refrigerador. Por ese entonces llevaba una mejor relación con el dinero, pero aún no me encontraba en el punto en el que estoy al escribir este libro, y la idea de comprar un refrigerador nuevo de improvisto me parecía bastante pesada. Cuando un técnico fue a revisarlo y nos dijo que no tenía arreglo, inmediatamente me pregunté a mí mismo qué estaba haciendo que había incomodado a mi amigo dinero.

En ese momento me di cuenta de que había estado sintiendo ansiedad y temor a la incertidumbre nuevamente, por lo que tomé una hoja y comencé a escribirle al dinero, diciéndole que no había sido mi intención incomodarlo, que era mi herida de abandono la que me llevaba a ponerme así de ansioso y asfixiante, que me disculpara por mis inseguridades y por favor me comprendiera, que no era algo personal, sino un tema conmigo mismo que debía resolver. Como por arte de magia, nos llamó el técnico al día siguiente para ir a revisar nuevamente el refrigerador, pues parecía que se le había ocurrido una idea el día anterior en la noche. Asistió a nuestro domicilio y revisó la tablilla de programación del electrodoméstico, donde encontró la falla, la cual sólo nos costó diez dólares arreglar, ¡el dinero eligió quedarse con nosotros!

Si alguna vez has sentido que el dinero se te cuela entre los dedos de las manos, es porque seguramente has estado haciendo berrinche cuando esto sucede. Es como si una gran amistad a la que no ves en años toca a tu puerta y te dice que pasó rápidamente a darte un abrazo, pero que se tiene que ir en diez minutos. Si tú te molestas y le dices "mejor ni hubieras venido", ten por seguro que jamás volverá. Pero si, por el contrario, le invitas a pasar, emocionado y agradecido porque se tomó el tiempo para llegar a saludar, lo motivarás a hacerlo más seguido, e incluso a quedarse más tiempo la siguiente vez que regrese. Pasa lo mismo con el dinero, si tú le agradeces cuando pasa por tus manos siendo consciente de que llegó para ayudarte a salir de un apuro, volverá más seguido, se sentirá valorado y motivado. Comenzarás a verlo llegar con más frecuencia, hasta que empiece a acumularse entre tus manos. Ahora, cuando me entregan dinero lo saludo, le doy la bienvenida y le agradezco mentalmente por hacerse presente. También al pagar siempre me despido cálidamente de él en mi mente, le agradezco por haberse quedado el tiempo que haya estado conmigo y le hago saber que es bienvenido siempre.

Así fui llevándome cada vez mejor con el dinero, hasta que alcancé un nivel de vida que antes sólo llegaba a soñar. Pero descubrí que este es un trabajo constante, que siempre hay que procurarlo como a cualquier amistad para que su energía continúe fluyendo y es muy importante seguir atentos de nuestros hábitos en relación al mismo, pues mi más grande aprendizaje lo tuve en un punto en el que creía que me encontraba al cien por ciento en este tema, cuando un amigo pasó por un momento muy difícil en su vida, en el que lo perdió todo: negocio, familia, casa y dinero. Yo me acerqué a él, pues es como mi hermano, nos conocemos desde muy pequeños, y le pregunté cómo podía apoyarlo. Me planteó una idea de negocios, a lo que yo acepté invertir una suma fuerte de dinero en él. Debido al mismo problema que lo llevó a caer en esa situación, el negocio jamás se concretó y el dinero se perdió. Yo habiendo confiado en que funcionaría, esperaba el retorno de mi inversión para cubrir ciertos gastos con los que ahora me estaba viendo comprometido y al no llegar ese dinero, mi esposa acudió a mi suegro para poder solventarlos. En ese momento, por la enorme vergüenza que sentí, comencé a perseguir a mi amigo, exigiéndole que me repusiera el dinero para pagarle a mi suegro, pero él no tenía manera de hacerlo. Lo presioné durante algún tiempo hasta que volteé a ver mi lado responsable y fui consciente de que yo había elegido darle ese dinero sabiendo la condición en la que él se encontraba, así es que lo solté y dije para mis adentros: "el dinero llegará por otro lado, es más importante para mí conservar esta amistad". Me dediqué a ahorrar para pagarle a mi suegro y cuando quisimos entregarle el dinero, no aceptó recibirlo, nos dijo que a él le iba muy bien y que no lo necesitaba, que mejor lo usáramos para irnos de viaje, quedándose ese dinero con mi familia. Ahí fue cuando comprendí que es muy importante confiar en el dinero y que, como cualquier persona que amemos, es libre para hacer con su vida lo que él guste, pero jamás nos abandonará, pues ese amor que hay entre ambos siempre lo traerá de regreso. Desde entonces dejé de temer a la incertidumbre. Al contrario, ahora cuando lo noto ausente, sé que volverá en mayor medida, pues al estar lejos, sé que me extraña y que cada vez regresa para quedarse más tiempo y para pasarla mucho más en grande.

Vamos a poner en práctica algunos ejercicios que te ayudarán a reforzar o rescatar tu relación con el dinero. Empecemos por hacer un rápido ejercicio de consciencia:

| TOMADOR | GANAR / GANAR | DADOR |

Te explicaré qué significa cada uno de estos términos en relación al dinero, tú sólo harás una marca en el lugar de la línea en el que sientes que te encuentras.

Tomador en relación al dinero significa que estás en uno de los extremos tóxicos en tu relación con él, ya sea en el rechazo, diciéndole todo el tiempo que no lo necesitas, o al contrario, vives pensando todo el tiempo en él, ansioso por buscar cómo generar más y con temor a la incertidumbre, diciéndole todo el tiempo que lo necesitas.

Dador en relación al dinero significa que lo dejas fluir y que le das libertad, pero caes en el extremo irresponsable, soltándolo de más y mostrándote incluso indiferente ante su partida (gastas de forma compulsiva e irresponsable o no sabes decir que no).

Ganar/Ganar en relación al dinero significa que experimentas el punto de balance, usando constantemente la palabra "prefiero". Te sientes agradecido por todo lo que tienes el día de hoy, sin embargo, te muestras abierto siempre a recibir más, no por necesidad, sino por amor propio. Dejas que el dinero fluya con entera libertad, confiando siempre en su regreso, dada la excelente relación que tienes con él.

Pon una marca en el lugar donde crees que te encuentras en la línea, puede ser incluso en medio de dos de los conceptos anteriores y estar más cargada hacia un lado que al otro. Sé completamente sincero contigo, pues este ejercicio te permitirá ver con claridad qué requieres transformar en ti y te ayudará a ser consciente de tu situación en relación al dinero. Una vez lo hayas hecho, podemos proceder a un ejercicio más profundo.

A continuación, te explicaré qué significa cada uno de estos conceptos. Conforme vayas leyendo, anotarás un número dentro de la punta correspondiente que irá del cero al diez, de acuerdo a cómo te calificas en esa área de tu relación con el dinero. Al final sumarás todos los resultados y anotarás el total en el centro, del cual la máxima calificación es sesenta. Los significados se muestran a continuación en forma de pregunta:

Afinidad: ¿Qué tanto compartimos cosas que disfrutamos juntos? Si cuando gastas en algo, lo haces sin culpas y realmente te permites disfrutar aquello por lo que estás pagando, sería un diez. Si siempre que pagas sientes remordimiento entonces sería un cero.

Atracción: ¿Qué tan atractivo creo que soy para él? Si siempre hablas y piensas en él de forma armoniosa, sintiéndote cómodo con lo que representa, sería un diez. Si lo juzgas constantemente y te la pasas hablando mal de él, entonces sería un cero.

Responsabilidad: ¿Qué tanto me hago responsable? Si culpas al dinero constantemente por todas tus limitaciones, diciendo que porque no hay dinero no puedes viajar, o que no te gusta tu casa y te sientes frustrado porque no puedes cambiarte por falta de dinero, en ese caso sería un cero. Si comprendes que todo eso depende de ti y que el dinero no tiene nada que ver, pues eres tú quien genera que llegue a tu vida, entonces sería un diez.

Realidad: ¿Qué tan real es en mi vida? Si tienes manera de acceder a él físicamente en el instante que se te pega la gana, por ejemplo, que abras tu cartera y puedas tomar siempre un billete, sería un diez. Si te es difícil acceder a él físicamente, entonces sería un cero.

Comprensión: ¿Qué tanto lo entiendo? Si ahora comprendes cómo funciona y opera su energía, si eres capaz de ponerte en sus zapatos para saber cómo se siente el dinero, entonces sería un diez. Si aún no te queda claro, entonces por un cero u algún otro número.

Comunicación: ¿Qué tanto hablo con él? No te apures si sales bajo en esta, no todos estamos acostumbrados a hablarle. Sin embargo, si tu intuición te ha llevado a tener conversaciones con él y a hablarle como si fuera una persona, califícate con un diez.

Tal vez notas que la estrella tiene muchos dieces o por el contrario que está llena de números pequeños, pero recuerda que la maravilla de esta estrella es que, si la relación se ve apagada, basta con trabajar con sólo una punta para que vuelva a iluminarse por completo. Identifica en qué punta saliste más bajo y trabaja con el ejercicio adecuado, según se muestra a continuación:

Afinidad: Sal a disfrutar una merienda que se te antoje mucho, estando completa y absolutamente presente en el momento. Pide lo que tú quieras, sin ver el precio. Cuando pagues, agradece al dinero por acompañarte y permitirte tener acceso a esa experiencia.

Atracción: Comienza a soltarlo, dale libertad, permítele respirar y fluir a su gusto. No te mortifiques, trabaja en ti, en tu fe. Haz un ejercicio de consciencia, de cómo has tratado al dinero en el último año, imaginando que es una persona y busca cómo enmendarlo, tal como lo harías con cualquier ser humano. Según como lo hayas tratado, elige algo diferente.

Responsabilidad: Escribe una plana diaria durante cinco días, que diga: "el dinero es neutro, yo manifiesto su energía". Mientras lo escribes haz consciente que tu situación económica es fruto y resultado de tu estado de mente. Tú has creado las circunstancias para estar ahí.

Realidad: Consigue un billete y pasa tiempo de calidad con él al menos una vez al día. Tómalo entre tus manos durante cinco minutos y obsérvalo, siéntelo, huélelo, óyelo, aprécialo. Empieza a llevarlo siempre contigo.

Comprensión: Imagina que es como una persona que siente. Desarrolla empatía y ponte en sus zapatos. Elabora un escrito de cómo interactuaste durante un día con él y anota: si fuera una persona ¿qué habría sentido? Si a mi me hubieran hecho o dicho esto ¿cómo hubiera reaccionado? Lo que no te guste, corrígelo.

Comunicación: literalmente habla con él, escríbele como si fuera un amigo al que tienes la intención de procurar, escribe en papel, a la antigua, como si fueras a enviarle una carta por correo. Hazlo de preferencia una vez por semana, para mantener viva la relación.

Es más, escríbele al dinero en este momento, pero para que el ejercicio sea mucho más poderoso, usaremos la antropomorfia y le daremos características humanas al dinero. Lo veremos literalmente como si fuera una persona con rostro, cuerpo con cierta complexión y estatura, género, vestimenta, personalidad y le daremos un nombre. Crearás al mejor amigo que pudieras desear tener. Imagina que tuvieras un amigo entrañable, que te quiere como a un hermano y además es multi-millonario. Te recomiendo que sea del género con el que te es más fácil relacionarte, para que entables una gran amistad con él o ella.

Yo, por ejemplo, al hacer este ejercicio lo visualicé como un hombre de un metro setenta y cinco, muy delgado, de tez morena, con rasgos árabes, cabello oscuro rizado, ojos cafés, con barba recortada, bien parecido, siempre vestido con traje gris claro entallado, camisa blanca, una corbata delgada de color gris, con zapatos y cinturón color miel. Es un hombre muy abundante, empresario, con oficinas en un *pent-house* en Dubai, que viene a visitarme en su *jet* privado y llega a mi casa en un *Lamborgini* color gris, sin embargo, a pesar de ser tan rico, es la persona más humilde y sencilla que podría conocer. Muy alegre, optimista, generoso, noble, honesto, seguro, simpático y divertido. Siempre me pregunta qué se me ofrece y qué puede hacer por mí. Está dispuesto a apoyarme en cualquier proyecto que tenga en mente y está siempre al pendiente de mi familia. Yo le llamé *Billy Green* (Bill de billete y Green de verde en inglés, que es el color de los dólares). Créalo por escrito ahora.

Mi amigo(a), dinero:

Se llama: _____
_____
_____

Sus características son: _____
_____
_____
_____
_____
_____
_____
_____
_____
_____
_____
_____

Una vez que lo hayas creado, es momento de escribirle una carta, pensada con intención de reconciliación y basada en los siguientes lineamientos: primero, le vas a pedir perdón desde tu Yo responsable si tu relación con él no ha sido la mejor hasta ahora. Vas a agradecerle porque a pesar de haber estado distante de él, siempre se mantuvo atento y se aseguró de que jamás te faltara nada, por eso hoy tienes techo, alimento, vestimenta, calzado, transporte, forma de asearte, entre muchas otras cosas. Finalmente, vas a llegar a nuevos acuerdos con él, le vas a ofrecer algo que puedas hacer para darle a ganar y le vas a pedir lo que requieres de su parte para llevar la relación a su más alto nivel.

Yo, por ejemplo, le pedí perdón por juzgarlo y por creer todas las calumnias que me dijeron sobre él, le dije que me sentía muy apenado por verlo a través de los ojos de otros y por no haberme permitido relacionarme con él sin etiquetarlo. Le agradecí por siempre haberse hecho presente y por asegurarse que a mi familia no le faltara nada, a pesar de mi actitud hacia él. Entonces le dije que usaría mi joya para favorecerlo, que, al ser emisor, me aseguraría de siempre hablar bien de él para limpiar su imagen en todo el mundo y que lo único que le pedía a cambio, era que me apoyara con recursos para hacerlo suceder, para invertir en publicidad, para dar talleres, para viajar y dar conferencias, para impulsar este libro, y le pedí que me ayudara para que mi familia viviera cómodamente, con la intención de continuar realizando esta labor con gran motivación y entusiasmo.

Carta al dinero

Te pido perdón por...
_____
_____
_____
_____
_____
_____

Te agradezco por...
_____
_____
_____
_____
_____

Nuestros nuevos acuerdos:
_____
_____
_____
_____
_____
_____
_____
_____
_____
_____

Debes saber, para concluir este tema, que esta práctica deberá ser constante, de lo contrario, la energía del dinero podría volver a experimentarse estancada, igual que en el caso de cualquier relación a la que se le descuida. Haz del dinero tu más grande amigo, así, aunque llegues a estar ocupado y olvides procurarlo, podrás enmendarlo con facilidad.

También ten presente que al dinero le encanta pasarla bien, es una entidad libre que sólo busca gozar el mundo, por lo que adoptar una actitud minimalista, completamente desapegado de todo lo material, dando mayor peso a las vivencias y a tu propia plenitud interior, hará que el dinero se mantenga mucho más cerca de ti.

Al dinero no le agradan aquellos que buscan inflar su Ego, se siente incómodo cerca de personas arrogantes y prepotentes, de aquellos que aparentan tener mucho, dada su carencia interior. Esas personas se ven en la necesidad de aparentar, porque no tienen una relación de calidad con el dinero, pues sólo quieren utilizarlo, en lugar de ser sus amigos. De lo contrario, sentirían la seguridad de que jamás les hará falta y no requerirían tratar de ponerse por encima de otros. El gozo por sí mismo atrae al dinero, porque como cualquier persona, es una energía que se siente atraída por aquellos que son dadores, pero responsables. Quienes tienen una energía sencilla, sin complicaciones, que son alegres, auténticos, que son optimistas, positivos y que se permiten recibir y disfrutar la vida. Aquellos que son abundantes de mente, se entienden bien con el dinero, pues él es la consciencia de la abundancia misma.

Haz un ejercicio de desapego, deshazte de todo aquello que ya no usas y que solo está ocupando espacio a tu alrededor, pues, aunque no te des cuenta, te consume energía que podrías estar usando para crear cosas nuevas. Cada objeto que mantienes en tu vida es sostenido por tu propia consciencia, que es la que le da forma (más adelante lo entenderás mejor). Cada objeto que "te pertenece" consume de tu energía vital para mantenerse en su lugar, pues tu inconsciente almacena información sobre ese objeto, y al soltarlo permites que en tu misma mente haya menos cosas en las cuales poner atención, para concentrarse en nuevos proyectos. Entre más importancia emocional cargue el objeto, mayor la atención que tienes sobre él y por ende más grande la energía que te consume. Si no te sirve para fines prácticos, suéltalo. Usa el *Ho'oponopono* para honrarlo y despedirte de ello. Regala aquello que ya no tenga un valor significativo, coloca aquello con valor emocional en buenas manos y lo que tenga valor monetario, como joyas, autos, propiedades o cualquier bien que pueda significar una buena entrada a tu capital, véndelo. Yo vendí un *Corvette* que pertenecía a mi papá que me tardé años en soltar, pero en el momento que lo dejé ir, mi creatividad se vio liberada para comenzar a crear cosas extraordinarias. También guardaba juguetes de mi infancia para mis hijos, y cuando los regalé todos a un orfanato, llegó el primero de mis hijos a mi vida. Deja que la energía se mueva y verás como tu abundancia es liberada. Recuerda, la energía no se destruye, se transforma, por eso cuando disuelves una forma al soltarla, esa energía se emplea para crear algo nuevo. A esto se le llama *entropía* y es uno de los mayores rectores en el proceso de creación universal. Así es que deja de usar tu energía vital para sostener esas cosas en tu mundo, suéltalas y permítete gozar la vida con ligereza, verás cómo el dinero se empieza a hacer más presente en tu vida. Sólo continúa procurándolo, pues recuerda, es tu más grande amigo a partir de ahora.

CAPÍTULO 5
EL CUERPO FÍSICO

¡Vas muy bien! Si llegaste hasta este punto, significa que has hecho todos los ejercicios de los capítulos anteriores. Tu relación con Dios, contigo mismo y con la abundancia deben encontrarse en un mejor punto ya, lo que comienza a encaminarte a la realización por haber cimentado los pilares de la riqueza y la libertad. A partir de este punto inicia el segundo módulo de este proceso para despertar tu máximo potencial, el cual se enfoca en los pilares de la salud y el amor. Ahora alinearás tus cuatro cuerpos básicos (físico, emocional, mental y espiritual), con el que me gusta llamar tu "Yo ideal". Para ello, será requerido que estés dispuesto a dejar ir creencias que hasta este momento no te han funcionado, así asegurarás que haya espacio en donde almacenar las nuevas verdades que te serán entregadas. Este segundo módulo, demanda un poco más de consciencia, así es que toma tu tiempo para transitarlo y mantén la disposición de permitir a tu mente transformarse.

Para este trabajo de alineación, comenzaremos con tu cuerpo físico, ya que al ser el de menor vibración de los cuatro y, por ende, el único que puedes percibir al cien por ciento con tus capacidades sensoriales, es el primero que requiere atención. Además, sin este cuerpo, no sería posible para ti vivir la experiencia de la vida humana, por lo tanto, no habría posibilidad de alcanzar realización alguna. Es indispensable comprender que el cuerpo físico es el único vehículo capaz de soportar nuestra consciencia en la tierra, por eso es de vital importancia aprender a amarlo y desde luego, cuidarlo. Yo sé que puede volverse complejo, porque hay muchos placeres a los cuales nos apegamos y que no siempre son lo mejor para su óptimo funcionamiento, pero si no aprendes a valorar, a cuidar y a conducir tu cuerpo físico con responsabilidad, te será mucho más difícil manejar el emocional y el mental, los cuales requieres alinear con tu cuerpo espiritual o causal, para realizarte y vivir en plenitud.

El cuerpo físico se cuida desde luego a través de una alimentación consciente y al darle un mantenimiento adecuado por medio de actividad cardiovascular. Sin embargo, para alinearlo con tu realidad más elevada, se trabaja con el cuerpo etéreo, el cual es nuestro verdadero vehículo, del que esta maquinaria que percibimos como material, es reflejo. Como recordarás más adelante, los sentidos son en la mente y no en el cuerpo, por eso puedes experimentarlos a través de sueños o de la imaginación. A mí me gusta decir que el cuerpo físico es como una vasija multidimensional, un contenedor capaz de encerrar miles o millones de posibilidades en un mismo instante, porque parece contener dentro de él lo que conocemos como mente, y esa mente o *manas*, tiene un potencial ilimitado para crear cualquier realidad que deseemos en el instante en el que lo elijamos, no solamente en el plano etéreo (el plano de la mente), sino en el mundo material también, pues repito, este mundo no es más que un reflejo del etéreo. Así es que para alinear tu cuerpo físico con la realidad que anhelas para ti, basta con visualizarla frecuentemente y vivenciarla a través de tus cinco sentidos. Cuando haces eso, te encuentras viviéndola literalmente en ese momento en cuerpo etéreo o astral y tu consciencia comenzará a encaminarte para que obtengas la inspiración necesaria y que tomes las decisiones adecuadas para materializarlo. Esa será una práctica que te resultará mucho más fácil de llevar a cabo cuando hayamos alineado todos tus cuerpos. Practica por lo pronto, pero no te frustres si lo sientes difícil. A veces no sabemos cómo crear una sensación porque nunca la hemos vivido, por eso el poder de tu imaginación jugará un papel muy importante en tu proceso de auto-creación.

Para que hagas consciente el enorme valor que tiene tu cuerpo físico, reflexiona un poco sobre las siguientes situaciones:

1. Imagina que te compraras un caballo de carreras que te costó un millón de dólares. Piensa, ¿cómo alimentarías a ese caballo?, ¿lo mantendrías en el establo todo el tiempo o lo sacarías a entrenar para que estuviera fuerte y fuera cada vez mejor? Claro que si te costó un millón de dólares, estoy seguro que le darías el alimento más adecuado y nutritivo para él, sería un gran riesgo para tu inversión si el caballo enfermara. De igual manera, si lo tuvieras en el establo todo el día, dejaría de ser una inversión, pasaría a ser un gasto innecesario, pues el caballo se deterioraría y deprimiría, lo que, desde luego, también te llevaría a perder tu dinero.

2. Imagina ahora que alguien te regalara un cachorrito hermoso del que te enamoras perdidamente, nunca habías sentido tanto amor por un

animalito. Piensa también, ¿cómo alimentarías a ese cachorrito?, ¿lo mantendrías solito en el patio todo el día? Me gusta creer que, si realmente lo amas, igual que al caballo le darías el alimento más adecuado y nutritivo para él, pues no querrías que se enfermara, al amarlo muchísimo. Tampoco lo tendrías abandonado en el patio, jugarías con él, le darías tu atención, lo sacarías a caminar, porque sería como un miembro de tu familia.

La cuestión es, ¿tú cómo te tratas? ¡Si ahí adentro estás tú! ¿Por qué al caballo y al cachorro buscarías mantenerlos saludables física, emocional y mentalmente, pero contigo no lo haces?, ¿Qué podría ser más importante que el envase que contiene tu Ser? Tu cuerpo es lo más valioso que tienes, no hay cantidad de dinero en el planeta entero que pueda equiparársele, porque sin él, no podrías disfrutar este mundo, se acabaría la experiencia aquí, de nada te serviría el dinero, las cosas, lo que construyas, tu profesión, tu éxito, pues sin tu cuerpo, no podrías disfrutar nada de eso. ¿Por qué le das entonces cosas que lo deterioran?, ¿por qué no lo cuidas? Es indispensable que alcances a ver esto, para que lo valores y que realmente lo cuides a consciencia, porque el cuerpo es como un instrumento finísimo, que, como un piano o violín, requiere mantenimiento de manera constante para poder ser entonado con una vibración de amor que nos lleve a estimarnos en toda la extensión de la palabra.

Este es un tema de entera consciencia, no se requiere esfuerzo para dar ese mantenimiento al cuerpo, basta con ser consciente de lo que le estás dando y cómo lo estás tratando, pero, sobre todo, de las consecuencias que puede traerte el no hacerlo. Yo llegué a padecer de sobrepeso. Recuerdo que en alguna ocasión vi una fotografía que me tomó mi esposa, en la que me veía tan ancho que parecía que mis brazos eran cortitos. Esa imagen causó tanto impacto en mí, que mis hábitos se transformaron al instante. Comencé a notar qué era lo que me mantenía en ese peso y tomé la elección consciente de dejarlo. Aprendí a disfrutar lo que beneficiaba a mi cuerpo, fui consciente, mientras comía, del bien que le hacía y busqué la actividad física que, desde el amor más puro, lo mantuviera en óptimas condiciones, no por imagen, sino por una genuina auto-estima. De ese modo, en sólo un año y sin esfuerzo alguno, bajé veinticinco kilos, tan sólo cambiando mis hábitos por un tema de consciencia.

Te sorprenderá ver qué tan parecido es el cuerpo a un automóvil, pues como mencioné antes, es un vehículo. Así es que como a un auto, al cuerpo hay que darle ciertos cuidados para que se mantenga en óptimas condiciones. Veamos entonces cómo el cuerpo requiere de la misma atención para funcionar a su máxima capacidad, al repasar siete puntos a cuidar:

1) **Mantenimiento:** como a todo automóvil se le debe llevar a servicio al menos una vez al año, al cuerpo físico también hay que llevarlo a realizarse chequeos preventivos, para mantenerlo en óptimas condiciones. De ese modo puedes anticiparte a cualquier deterioro de salud, e incluso atenderlo de la manera adecuada, pues el peor error que puedes cometer es auto-medicarte, puede ser más perjudicial que beneficioso para tu cuerpo si no sabes con absoluta certeza qué sucede con él. Es como echar a tu automóvil aditamentos sin saber para qué sirve cada uno. Ahora, lo más importante es conocerte a

ti mismo y saber en qué o en quién depositas tu certeza, pues en la salud todo es subjetivo. Dice Louise Hay que las enfermedades se contagian a través del pensamiento. En lo que crees, así es para ti, pues recuerda que el plano físico es reflejo del etéreo.

2) **Aseo:** si no limpias un vehículo, la pintura se opaca, se le forma sarro, se oxidan ciertas partes, incluso los interiores comienzan a deteriorarse. Igual con tu cuerpo, asearlo lo mantendrá en óptimas condiciones, así es que ayúdate a conservar todas tus partes originales, pues a falta de cuidados, la piel se vuelve áspera, los dientes y el cabello comienzan a caerse y surgen infecciones externas e internas.

3) **Hidratación:** si al motor del vehículo le falta agua, se sobrecalienta y se descompone. Te podrá parecer un tema poco relevante, pero estamos compuestos 70% de agua. Somos líquido con una membrana de piel rodeándolo, por lo que no sólo es un componente vital para funcionar, es lo que somos en su mayoría. Por eso cuando hay agua, hay energía y abundancia de mente (inspiración, concentración, creatividad e ingenio). Para que logres dimensionar su importancia, te comparto que mi papá falleció por deshidratación debido a una negligencia médica, se encontraba deshidratado al momento de practicarle una diálisis, se descompensó y perdió la vida.

4) **Placer:** sé que la adrenalina que llega a generar un vehículo puede ser adictiva, incluso el confort que llega a producirnos, pero ten presente siempre que todo en exceso es perjudicial. Esa adrenalina puede llevarte a salirte del camino y la comodidad a quedarte dormido en el trayecto. Por eso, es mejor conducir de forma responsable, que, aunque yo sé

que venimos al mundo a gozar, es siempre mejor contemplar y aplicar las medidas de seguridad. Por eso, procura parejas sexuales controladas, una alimentación medida, un ejercicio o deporte moderado y evitar sustancias nocivas.

5) **Actividad:** el sedentarismo es equivalente a tener un automóvil parado en la cochera durante años. Como bien dicen, si no lo mueves, se pega el motor. Esto se debe a que el aceite del vehículo, a falta de movimiento con el tiempo se espesa, se va solidificando. La sangre es el equivalente al aceite del cuerpo humano y le sucede lo mismo, si no circula a cierto ritmo, se espesa, que es a lo que llamamos diabetes. Por eso hay que tener cuidado con el exceso de confort en nuestra vida.

6) **Mente:** es el equivalente al motor del vehículo, el cual si se estresa, puede llegar a "desvielarse". El estrés equivale a mantener presionado el acelerador a tres mil revoluciones por minuto todo el día, mientras el automóvil se encuentra aparcado. El estrés es una inyección de adrenalina que se genera en situaciones de peligro, sirve para asegurar nuestra supervivencia, pero si se mantiene por largos periodos de tiempo, puede generar desgaste en el sistema, trayendo enfermedades y sobre todo problemas de sueño, entrando en un círculo vicioso destructivo, pues durante la noche el cuerpo se regenera, y si no le damos la cantidad de sueño que requiere, le es muy difícil recuperarse. Para combatir el estrés, asegúrate de que tu cerebro produzca los siguientes cuatro químicos, llamados el cuarteto de la felicidad:

a) *Dopamina (tierra):* es el químico relacionado al placer y la motivación, que es producido al celebrar cuando se cumplen objetivos. Es recomendado por lo mismo, fijar metas a corto plazo. Si por ejemplo, tienes un objetivo a cumplir en un año, puedes dividirlo en metas mensuales, semanales y diarias que te ayuden a llegar a ese objetivo, de ese modo no esperarás un año para sentir el placer de consumación, podrás experimentarlo cada día. Sólo reconócete cada vez que cumplas una meta. Yo, por ejemplo, establezco mis pendientes del día cada mañana por orden de prioridad y marco con un asterisco los que deben realizarse ese día, sí o sí. Al cumplir todos me reconozco dándome tiempo para hacer algo que me guste, como ver una película, pasar tiempo con mi familia, comer algo que disfrute, entre otros.

b) *Oxitocina (agua):* es el químico relacionado a los vínculos emocionales y se relaciona principalmente con el dar, el tener detalles con otros, la caridad, el servir, también con la conexión espiritual, al entrar en unidad con todo lo demás que es, pero el modo más fácil, rápido y directo de producirla es dando abrazos a otras personas.

c) *Serotonina (aire):* es el químico de la importancia propia, cuando hay carencia del mismo en el cerebro, se le llama depresión clínica. Los antidepresivos que recetan los psiquiatras tienen el objetivo de producir serotonina en el cerebro. Sin embargo, puede ser segregada de forma natural al frecuentar amistades antiguas o familiares que te ayuden a recordar momentos felices, así como viendo fotografías del pasado o pasando tiempo de calidad con alguien en el presente. Darte baños de sol también puede ayudarte a producirla, de igual forma el ejercicio aeróbico, pues le darás importancia a tu cuerpo. Con un masaje, por ejemplo, puedes producirla junto con dopamina si lo usas para reconocerte, o teniendo tiempo especial contigo mismo.

d) *Endorfina (fuego)*: es la sustancia de la euforia y se dice que es un analgésico natural, porque ayuda a aumentar el umbral del dolor. Este químico se genera al bailar, cantar, al hacer equipo con otras personas para perseguir un objetivo en común o al consumir comida picante, pero basta con tener un *hobbie* para producirla.

Notarás que al lado del nombre de cada una aparece uno de los cuatro elementos, esto se debe a que estas cuatro sustancias pueden ser producidas al mismo tiempo, día a día y en todo momento, sólo con tomar en serio el *Ikigai*, esa gran sabiduría que tiene su origen en el budismo y probablemente es más antigua que el mismo. Si tú encuentras tu razón de ser en el mundo, tu joya divina, y la pones al servicio de los demás, jamás volverás a sentir estrés, porque segregarás en automático el cuarteto de la felicidad. Si haces algo que amas, producirás endorfina, porque experimentarás una gran euforia cada vez que lo ejecutes; si haces algo en lo que eres bueno, te sentirás importante en ello y producirás serotonina; si haces algo que el mundo necesita, estarás sirviendo a otros y entonces producirás oxitocina; si haces algo por lo que puedas ser pagado, te sentirás reconocido y motivado, pues ese dinero puede traerte mucho placer, por ende, producirás dopamina. ¿Te das cuenta qué importante es revelar tu propósito?

7) Alimentación: equivalente al combustible del automóvil. Desde luego es el punto más importante, sobre todo si se aborda desde una perspectiva profunda, pues sólo tú sabes con qué octanaje eliges nutrir a tu vehículo. Sin embargo, lo más importante es saber cuándo se requiere volver a alimentar el tanque. Mientras que los automóviles vienen equipados con un tacómetro que nos indica cuando la gasolina está baja, nosotros tenemos un sistema mucho más sofisticado y eficiente, que es la sensación de hambre, la cual nunca debe llegar al extremo. El indicador perfecto de que requieres reponer combustible, es cuando apenas comienza a sentirse un hambre ligera. Se dice que a los automóviles les hace daño que el tanque se mantenga debajo de un cuarto y que lo recomendable es tenerlos siempre por encima de la media; con el cuerpo funciona igual, una sensación de hambre ligera indica que el tanque se está empezando a vaciar y hay que llenarlo otra vez, a un aproximado de tres cuartos, lo que es igual a comer ligero.

Por eso los nutriólogos recomiendan comer cada tres horas, en cantidades moderadas, para acelerar el metabolismo. De lo contrario, el cuerpo entra en crisis y comienza a almacenar reservas, formándose lo que llamamos *lonjas*, para tener de donde obtener energía en caso de que vuelva a pasar un largo periodo de tiempo sin recibir alimento. El problema es que pensamos que, al no comer, el cuerpo toma esas reservas, y por ende adelgazamos, pero lo que no sabemos es que la primera fuente de energía que el cuerpo consume es el músculo, por ser la de mayor calidad en el cuerpo, y sólo al terminarse la proteína, comienza a usar las reservas de grasa. Por eso los ayunos sin una metodología estudiada, pueden ser muy perjudiciales para el cuerpo, dado que al estar trabajando toda la noche en el mantenimiento y regeneración de todos los sistemas, lejos de lo que pensamos, el cuerpo no vuelve a recargarse. Al contrario, por eso al levantarnos nuestro estómago ruge de hambre, pues busca reponer al tanque lo que fue vaciado durante la noche.

Si no lo escuchamos, el cuerpo se estresará y comenzará a buscar de manera desesperada el combustible que requiere, activando nuestras papilas gustativas para que nos generen antojo por cosas dulces. Al ingerirlas, el cuerpo, que es muy sabio, inmediatamente toma el azúcar y la convierte en grasa. La solución es darle alimento, aunque sea en cantidades pequeñas, pero de forma regular. De ese modo, se dará cuenta de que no requiere almacenar y no sólo dejará pasar todo directo al área de evacuación, sino que comenzará a depurar las reservas que había almacenado al entrar en crisis, por eso al acelerarse el metabolismo vamos más al baño.

Como ves, paradójicamente, adelgazamos al comer más seguido, no al dejar de comer. Sin embargo, también hay que saber medir de qué tamaño es nuestro tanque para no ingerir alimentos de más, porque a diferencia de un automóvil, en el que el tanque se desbordaría. En nuestro sistema sofisticado, ¡el tanque crece! Así es que come hasta que la sensación de hambre haya desaparecido, no requieres sentirte lleno, lo más saludable es terminar de alimentarte cuando el sensor de hambre ligera se desactiva. Por eso se educa a los niños para que digan que están satisfechos, en lugar de "llenos".

Algo que puede ayudarte también a reconocer el tamaño del tanque para no excederte y sobre todo para saber cómo manejarlo en caso de que busques bajar o aumentar de peso, es el conteo calórico. Para ello, te recomiendo buscar y estudiar la ecuación *Harris-Benedict*, así como informarte sobre el balance de macro-nutrientes (proteína, carbohidratos y grasas buenas), y micro-nutrientes (vitaminas y minerales). Estos últimos varían según tus objetivos y un nutriólogo puede ayudarte a balancearlos.

Ahora, lo más importante es reconocer de dónde provienen tus impulsos alimenticios, sobre todo aquellos que no te están favoreciendo, pues la mayoría tiene su origen en las heridas que cargamos desde la infancia, las cuales según Lise Bourbeau son cinco (puedes leer más al respecto en su obra titulada "*Las cinco heridas que impiden ser uno mismo*"), y son las siguientes:

a) **Rechazo:** se genera principalmente desde la concepción hasta el primer año de edad. Si el padre que es del mismo sexo que el bebé no le desea o anhela el género opuesto. Quienes tienen esta herida, adoptan la máscara del huidizo, que los lleva a buscar desaparecer para evitar el dolor de volver a ser rechazados, por lo que tienden a comer muy poco, son propensos a padecer anorexia o a caer en adicciones. El huidizo requiere auto-aceptación para hacerse notar con seguridad, atravesando su miedo al rechazo para ocupar su lugar en el mundo y afirmar quién es con orgullo. Por lo general, el revelar su joya o razón de ser les ayuda. Estas personas suelen ser muy ingeniosas, pues debido a la cantidad de tiempo que pasan en silencio para pasar desapercibidos, desarrollan mucho la capacidad de razonamiento.

b) **Abandono:** se genera principalmente desde el primero hasta el tercer año de edad, si el padre del sexo opuesto al infante está ausente física o emocionalmente. Por ejemplo, en este último caso, cuando una madre tiene otro bebé que demanda más atención. Quienes tienen esta herida, adoptan la máscara del dependiente porque temen de manera profunda volver a sentir el dolor del abandono. Por lo general comen mucho pan o alimentos blandos, tratando de llenar con el alimento esa sensación de vacío por el amor que equivocadamente buscan fuera de ellos, pero seguirán sintiéndose vacíos hasta que la despierten dentro de ellos. Es común que estas personas sean muy sociables, porque buscan conectar siempre hacia afuera, pero requieren dedicar tiempo especial a sí mismas para desarrollar su amor propio.

c) **Humillación:** se genera principalmente desde el primero hasta el tercer año de vida también, si alguno de sus padres priva al infante del placer, por ejemplo, cuando se le juzga y recrimina por comer muchos dulces o por tocarse sus partes íntimas. Quienes tienen esta herida adoptan la máscara del masoquista, ya que buscan siempre agradar a otros para no ser juzgados, pero no logran agradarse a sí mismos. Para alimentar su máscara de masoquista, tienden a comer mucha azúcar y grasas saturadas, generándose sobrepeso para desagradarse al verse al espejo. Tienden a sentirse muy atraídos por la aventura y a buscar el placer en medio del peligro, pues todo lo que parece prohibido les llama para romper sus cadenas. Quienes cargan esta herida requieren encontrar esa libertad para gozar los placeres de la vida y lo mejor que pueden hacer es viajar solos, para disfrutar en ambientes donde no haya nadie conocido por quien puedan sentirse juzgados.

d) **Traición:** se genera principalmente desde el segundo hasta el cuarto año de edad, si el padre del sexo opuesto incumple sus promesas. El infante siente que no puede volver a confiar en nadie y adopta la máscara del controlador, lo que le lleva a comer mucho, de manera rápida o ansiosa, tendiendo al alimento salado. Ellos buscan fluir y volver a confiar, por eso sienten ansiedad al no poder hacerlo, porque saben que no todo va a salir siempre como ellos esperan. Por lo general son muy buenos dirigentes, pero requieren aprender a confiar, para delegar labores. Sólo siendo conscientes de ello, podrán respirar y ceder, pero será muy importante que diariamente se reconozcan por haber logrado soltar el control.

e) **Injusticia:** se genera principalmente entre el cuarto y sexto año de edad, cuando el padre del mismo sexo le hace notar las altas expectativas que tiene sobre él a su hijo, comparándolo con otros niños: "Mira qué bueno es tu primo para el fútbol, aprende de él". Estas personas adoptan la máscara del rígido, se vuelven perfeccionistas y buscan complacer siempre las expectativas de su progenitor, lo cual bloquea su individualidad y por ende los lleva a reprimir sus emociones para no experimentar el dolor de no poder ser ellos mismos. Tienden a ingerir alimentos salados y crujientes, porque buscan desesperadamente volver a sentir. También son muy cuidadosos con lo que comen para mantener una figura que refleje su supuesta perfección. Ellos requieren soltar su imagen y abrazar la imperfección de su verdadero Ser para permitirle expresarse. Por lo general son grandes creativos, porque aprenden a liberar sus emociones a través del arte.

Cabe mencionar que podemos tener las cinco, pero siempre hay una más marcada que las demás. Estas heridas influyen tanto en los hábitos alimenticios del individuo como en su personalidad, por lo que identificar cuáles son las tuyas, te ayudará a entenderte mejor y a convertirlas en fortalezas en lugar de dejarles ser debilidades. También te permitirá calmar aquellos impulsos alimenticios aparentemente incontrolables, y de paso, generará que tu descendencia crezca más sana, dado que estas heridas son hereditarias, por eso al resolverlas en ti, ayudarás a todo tu linaje.

Como ves, cuidarte implicará sacrificios, pues requerirá que salgas de tu zona de confort, renunciando a ciertos alimentos o incluso relaciones que hagan más difícil que transformes tus hábitos. También necesitarás aprender a reconocer tus impulsos para calmar aquellos aparentes instintos que buscan un placer desmedido, para poder así disfrutar de forma responsable. Sobre todo, habrá que aprender a fluir, para comenzar a vivir libre de estrés. Pero ¿quién dice que debes sufrirlo? Usa el poder de la palabra para cambiar la experiencia. Cada vez que dices "tengo que" comer bien, "tengo que" hacer ejercicio, tu mente genera resistencia, porque lo percibe como una imposición y por ende se experimenta pesado, pero si en cambio comienzas a decir para ti mismo "me gusta" comer bien, "me gusta" hacer ejercicio, comenzarás a sentir la energía mucho más ligera y aunque puedas llegar a pensar que te estás mintiendo a ti mismo, te sorprenderá cómo las imágenes que generan en tu mente esas palabras te llevarán a encontrar modos para realmente disfrutarlo. Ahora, si quieres llevar la fuerza de la palabra a otro nivel, habla desde toda tu autoridad, recuperando tu poder con responsabilidad absoluta, así serás consciente de que tú has elegido hasta el momento los hábitos que llevas actualmente, ya sea por tus heridas o lo que quieras señalar, mientras sea siempre hacia adentro de ti, te permitirá elegir diferente. Si logras adueñarte de tus circunstancias de manera genuina, entonces lograrás usar la palabra "elijo" comer bien, "elijo" ejercitarme, para cambiar tu rumbo y realmente hacer suceder algo diferente desde tu poder interior.

De cualquier forma, existen métodos para ayudarte a disfrutar más el cuidarte. Por ejemplo, puedes hacer una lista de todos los alimentos saludables que te fascinan y otra de tus más grandes tentaciones, para sustituir los elementos de la segunda por aquellos favorables. Esto te ayudará a saber qué comer para calmar ciertos antojos. Por decir algo, si te gusta mucho el chocolate, puedes sustituirlo por cerezas al surgir ese antojo. Eso te llevará a educar a tu cuerpo para buscar soluciones más saludables. No quiere decir que darte esos antojos esté mal, sólo hay que saber medirlos. Aún así, yo prefiero llenarme de cerezas, que atiborrarme de azúcar procesada. Te sorprenderá darte cuenta que con el tiempo tu cuerpo comenzará a pedirte fruta en lugar de dulces. También puede ayudarte el crear un plan alimenticio basado en la lista de opciones saludables. Yo bajé veinticinco kilos en un año sólo haciendo estos ejercicios. Comencé a ser consciente de lo que comía y de dónde venían mis impulsos, renuncié a los refrescos, a los dulces y a los postres procesados, los cuales sustituí por fruta, dándome chanza de satisfacer mis antojos en medidas moderadas, estando presente al momento en que los comía para disfrutarlos. Con el tiempo, mi cuerpo dejó de pedirlos. Nunca dejé de comer lo que quería, sólo aprendí a manejar mis porciones y a ser consciente de qué era lo que me estaba comiendo. También identifica una actividad que implique movimiento y que te guste, para que pienses en ella como algo que te cause placer o diversión, y no como ejercicio. Por ejemplo, clases de baile, nadar, algún deporte que sientas realmente como un juego o caminar entre la naturaleza, esto te ayudará a mantener tu cuerpo saludable, mientras te diviertes. No se trata de presionar o forzar al cuerpo, sino de atenderlo y moldearlo con amor, respetando su ritmo. Lo que sientas ligero, gozoso y divertido, como me enseñó un gran maestro, es perfecto para ti.

Ahora, si te da mucha flojera estar cuidando lo que comes, podrías salirte del juego del combustible biológico y transformar tu modelo de vehículo a formato eléctrico, para obtener la energía directamente del sol. No te estoy tomando el pelo, tu cuerpo también puede funcionar como una planta, a base de agua y luz solar. Investiga sobre el *Sun Gazing* de Hira Ratan Manek, un método creado para transformar el formato de obtención de energía del cuerpo. Este gran maestro explica que al ser nosotros seres de origen solar, como todo en el sistema planetario en el que nos encontramos, podemos obtener cada nutriente que requerimos del sol. En lugar de esperar a que una planta los absorba y después sean digeridos por otro organismo para llegar a nosotros, podríamos quitar todo el canal de intermediarios de en medio e ir directo a la fuente de energía más potente que existe. Hira Ratan Manek ha sido estudiado por científicos, pues él lleva años sin consumir alimento alguno, sólo bebe agua y absorbe energía solar por los poros de su piel. Le han encerrado por meses en una habitación con suministro de agua y acceso a un jardín para que salga a tomar el sol, monitoreándolo las veinticuatro horas y tomando sus signos vitales de forma constante, y se han sorprendido al ver que, a pesar de pasar meses sin comer, se mantiene con una salud impecable. La práctica, aunque te recomiendo estudiarla por tu cuenta, consiste en lo siguiente:

- Observar el sol durante la primera o última hora del sol del día, cuando los rayos ultravioletas tienen un índice menor a dos (hasta un índice de cinco es seguro para el ojo humano), o en su defecto verlo en el reflejo del agua.
- Comenzar viéndolo el primer día por diez segundos y aumentar otros diez segundos cada día, sin excederse. Si la práctica llegara a interrumpirse por cualquier motivo, retomar desde el tiempo en el que te quedaste.
- El objetivo es alcanzar un tiempo de cuarenta y cinco minutos de ver el sol, en un período de nueve meses, el cual sin duda es flexible, pero sólo hasta llegar a los cuarenta y cinco minutos comenzará a cesar el apetito en su totalidad.
- El tiempo puede ser dividido entre la mañana y la tarde, no tiene que hacerse el ejercicio completo de manera continua, basta con cumplir el tiempo diario.

- No usar anteojos de armazón al practicarlo, pues funcionarán como lupa y dañarán tu retina. Tampoco usar lentes para sol, porque no tendrá efecto.

- Una vez alcanzados los cuarenta y cinco minutos, dar un año de mantenimiento al cuerpo viendo el sol diariamente por quince minutos o caminando por cuarenta y cinco minutos, descalzo bajo el sol, sobre tierra seca y tibia.

Una vez concluido el proceso, bastará con salir al sol para absorber su energía por los poros de tu piel, lo cual sentirás claramente cuando suceda. Hira Ratan Manek explica que, a los quince minutos de ver el sol, el cuerpo goza de una salud perfecta, a los treinta minutos la mente encuentra plenitud, experimentando paz y viendo sólo posibilidades frente a ti, mientras que a los cuarenta y cinco minutos se despiertan grandes habilidades espirituales y el cuerpo comienza a dejar el alimento orgánico, pidiendo únicamente sol y agua.

Yo sólo te comparto la posibilidad de una técnica, que requiere gran disciplina, pero que trae grandes beneficios, de los cuales yo he sido testigo, pero estará en ti elegir si la realizas o no. Y en lo que decides tus siguientes pasos en relación a tu cuerpo físico, te voy a entregar unos ejercicios para practicar antes de iniciar el siguiente capítulo. Primero, escribe tu sexta carta mágica, esta vez dirigida a tu cuerpo físico. Pídele perdón por todo el maltrato que le has dado hasta ahora, por no valorarlo y por todo lo que desees hacerlo, después agradécele por seguir funcionando a pesar de tu maltrato y aún sostener tu consciencia en este plano de existencia, haz un nuevo compromiso con él y exprésale todo tu amor.

Carta a mi cuerpo

Te pido perdón por...
_____

_____

_____

_____

Gracias por...
_____

_____

_____

_____

A partir de hoy, me comprometo a...
_____

_____

_____

_____

Adicional a ello, comienza a irradiarle amor diariamente, dándole caricias. Permíteme explicarme, antes de que haya una conveniente malinterpretación. Las caricias consisten en pararte frente a un espejo antes o después de bañarte, aún desnudo y comenzar a decirte viéndote a los ojos; me gustan mucho mis ojos, me gusta mucho mi piel, me gusta mucho mi cuello, me gustan mucho mis hombros, me gusta mucho mi pecho y así sucesivamente, irradiando amor a cada milímetro de tu cuerpo, para concluir finalmente diciéndote "me gusto mucho, me amo y soy muy importante para mí", mientras te abrazas a ti mismo.

CAPÍTULO 6
EL CUERPO EMOCIONAL

Pasemos a un terreno un poco más etéreo, dado que el cuerpo emocional, es el primero de nuestro sistema de cuerpos que no es palpable, sin embargo, continúa siendo perceptible. Podemos decir que se compone de energía de vibración media, dado que aún puede alcanzar a manifestarse de forma más o menos física. Si alguna vez te han roto el corazón, sabes que puede experimentarse un dolor agudo en el pecho, e incluso hay quienes ven el color de la energía rodeando el cuerpo, que es de donde provienen todas las emociones. El cuerpo emocional, además de ayudarnos a prevenir malestares físicos al ser atendido, podrá servirnos como un indicador de nuestra vibración personal, con lo que tendremos el poder para reconocerla y transformarla a una más elevada.

Yo lo visualizo como el tacómetro de un vehículo o un medidor de voltaje que nos indica la carga eléctrica de una batería. En este caso, las emociones contractivas son equivalentes a cuando la aguja permanece inmóvil o apunta hacia el lado izquierdo, indicando que no hay corriente, mientras con las emociones expansivas, es como si la aguja se moviera hacia la derecha, indicando que hay carga de energía.

Existe solamente una energía que compone todo el universo y que puede ser percibida en diferentes grados de intensidad, los cuales se han clasificado bajo etiquetas a las que hoy llamamos emociones. Esa energía es el Amor que, al haber ausencia de la misma, nos inclinamos al estado vibratorio que bautizamos como temor, dando origen a todas las emociones que calificamos como negativas: tristeza, ira, frustración, entre otras. Vivimos esas emociones porque nos olvidamos del Amor que compone nuestra energía vital, nos desconectamos de esa esencia y por eso nos llenamos de miedos. Cuando eso sucede, es como si a tu cuerpo físico le alimentaras con comida chatarra, se seguirá sintiendo hambriento por falta de los nutrientes que buscaba desde un inicio. Con el cuerpo emocional pasa lo mismo, si no lo alimentas de manera nutritiva, con esa energía primigenia que es el Amor, se sentirá vacío y esa sensación puede llegar a confundirse incluso con hambre física.

Probablemente has escuchado o leído antes que las emociones negativas que ignoramos se convierten en malestares físicos, lo cual tiene un cierto grado de verdad, pero no son el origen de un problema de salud. Para empezar, no hay tal cosa como emociones negativas o positivas, simplemente es una percepción de nuestra carga energética y por lo tanto son neutras, no hay buenas ni malas. Las emociones que calificamos como negativas sólo nos están avisando que requerimos recargar nuestra batería interior, son como una alarma o indicador de corriente en el tablero de un automóvil. Las emociones a las que llamamos positivas, por otro lado, nos dicen que tenemos nuestra carga a su máxima capacidad, lo cual por supuesto se siente genial. Desde luego, como en todo vehículo, hay que atender ese indicador y asegurarnos de volver a cargar nuestra batería. El tema es que tenemos un alternador que a veces falla y genera que la batería pierda su potencia, lo que nos mantiene constantemente descargados. Ese alternador es la mente. De ahí se deriva todo lo demás, ese es el origen. Por eso, en este capítulo abarcaremos un poco de ese tema también. Sin embargo, nos centraremos primero en las emociones y en la importancia de atenderlas, para volver a cargar el sistema de energía cuando se requiera.

¿Te has fijado que al sentirte enérgico por lo general te muestras alegre y optimista, mientras que, al estar deprimido o preocupado no sientes ganas de hacer nada? Ese es el mayor indicador de cómo funciona la energía. Cuando estás descargado de ella, tu mente tiende a volverse pesimista y digamos que se enfoca en el punto negro de la hoja en blanco, sólo pone atención a los potenciales problemas que te rodean. Mientras que al estar cargado de energía, de amor, tu mente se enfoca en la hoja blanca, únicamente en las posibilidades y oportunidades a tu alrededor.

Existe una hipótesis que busca explicar este fenómeno a través del comportamiento de las partículas subatómicas, a la que Jöel Scherk y John Henry llamaron la *Teoría de Cuerdas*. Esta toma como base la Teoría *Kaluza-Klein*, de la que hablaremos más adelante con mayor detalle, y que compone el planteamiento científico de la bifurcación del tiempo, lo cual depende de las elecciones que hacemos en base a nuestro estado vibratorio. Lo que se expone con esta premisa, es que adentro del quark, la partícula más pequeña identificada en el universo, que se ubica adentro del electrón, hay pequeños filamentos de energía, que vibran tal como lo hace una cuerda de un instrumento musical.

Esta vibración es variable, de acuerdo a la frecuencia con la que se armonice, tal como los tonos de una melodía.

La teoría explica que para que un objeto exista, todos los electrones que lo conforman, a través de sus quarks, deben estar resonando de manera conjunta, como si una sinfonía estuviera siendo tocada por una orquesta. Esto funciona igual con nuestro cuerpo, y con todo lo que le rodea, por lo que, al cambiar tu estado de ánimo, se transforma la sinfonía que emanas, generando que todo lo que entra en contacto contigo, se armonice con ella. Por eso al experimentar una contracción energética, tu atención se centra en lo que vibra igual que tú, aquello cuyos electrones giran con menor intensidad por la ausencia del amor, que es el origen de su carga energética. Por otro lado, al experimentar una expansión energética, tu atención se centra en todo lo que vibra de forma más acelerada al igual que tú. Te sientes atraído por la energía que resuena con la tuya, y todo aquello que vibra de manera acelerada o densa se ve atraído por ti, acorde con tu propia frecuencia. Por eso es muy importante conservar nuestra energía alta, llenándonos de amor, dado que es en esa frecuencia en la que se encuentra todo aquello que es expansivo, o en palabras simples, las cosas más bellas y maravillosas del mundo.

El primer paso para elevar tu frecuencia vibratoria es atender aquellas emociones que te indican que hay una contracción energética, con ello no sólo acelerarás la acción giratoria de tus electrones, sino que prevendrás malestares físicos, que, aunque no serán erradicados desde la fuente, al menos podrás mantener la situación en orden, en lo que resuelves la verdadera causa. Yo digo que las emociones densas son una primera alarma que emite nuestro sistema de cuerpos, cuando detectan que la Voluntad Divina ha sido bloqueada por una creencia limitante estancada en nuestra mente. Dios es el Amor mismo y se comunica con nosotros, mostrándonos el camino a través de una descarga de Amor que se experimenta como una fuerza expansiva en el centro del pecho, eso a lo que algunos llaman inspiración, otros esperanza, pasión o anhelos, esa hoguera que se enciende en el interior. Cuando ignoras esa voz silenciosa, tu sistema de cuerpos te alerta por medio de dos alarmas diferentes, una más sutil y otra difícil ignorar, porque se presenta como un malestar físico.

Por ejemplo, supongamos que alguien siente esa fuerza expansiva en el pecho mientras una imagen surge en su mente, en la que se ve cantando. Por un momento, esa escena le hace sentir una gran euforia, que es la Voluntad de Dios queriendo impulsarlo a expresar algo por medio de ese mecanismo, al cual le decimos "talento". Pero pronto, esa idea se topa con una serie de creencias contrarias a su realización: "es imposible, no soy suficiente, no tengo lo necesario, quién va a creer en mí, no tengo palancas, me moriré de hambre". Como es de esperarse, la hoguera comienza a apagarse, lo que significa que nuestro sistema se está descargando de energía, de Amor. En ese momento, nuestro cuerpo emocional emite una primera alarma, a través de emociones como ira, tristeza o frustración. Si identificamos el anhelo que ha sido bloqueado por una creencia limitante y lo realizamos, esa emoción se transformará; pero si la ignoramos, nuestro sistema de cuerpos activará una alarma más fuerte, que es una enfermedad, una dolencia o malestar físico. Si te fijas, los problemas de salud no son malos, es simplemente la forma en que nuestro cuerpo se comunica con nosotros.

Así es que, si quieres evitar el desagrado de la activación de esa segunda alarma, mejor atiende la primera en cuanto se haga presente. Para ello, cierra tus ojos y baja tu atención al cuerpo, sé consciente de él en su totalidad. Entonces pídele que te diga en dónde y cómo se siente eso en tu cuerpo. Vas a experimentar en ese momento su respuesta con un cosquilleo, un adormecimiento, un temblor, un hormigueo, una leve punzada o calambre, ante cualquier sensación que se haga presente, sólo coloca tu mano ahí y pregunta a tu cuerpo si está bien atender esa sensación. Concéntrate en darle una presencia cálida y amorosa, dile que ahí estás para ella, abrázala y acompáñala. Toma el tiempo necesario para atenderla, hasta que notes que la emoción incómoda se ha ido. Agradece a Dios por ese cambio, toma una respiración profunda y abre tus ojos nuevamente.

Esto te ayudará a calmar esa primera alarma, pues habrás atendido tu emoción; sin embargo, el problema no estará resuelto de raíz. El lugar donde pusiste tu mano, es donde iba a sonar la segunda alarma si no atendías la primera, eso quiere decir que justo en esa parte de tu cuerpo se iba a presentar un problema de salud, pero como la causa real aún no está resuelta, la emoción incómoda puede regresar y terminar de asentarse en tu cuerpo físico si no la atiendes con tiempo. Por eso, una vez que hayas hecho este ejercicio, busca de inmediato cuál es la causa mental que originó esa emoción. Puedes apoyarte en autores como Louise Hay para este propósito. Ella creó todo un método para identificar con claridad el problema mental que está atrás de un malestar en tu cuerpo. Por ejemplo, ella plantea que las alergias se dan cuando estás entregando tu poder a otra persona, o que los problemas de rodillas son por falta de flexibilidad en la vida. Busca un libro de ella llamado "Tú puedes sanar tu vida", ahí encontrarás toda la explicación de su método, dentro del cual te entregará decretos para generar cambios de creencias y de ese modo disolver los bloqueos mentales que no permiten a tu Ser expresarse. Ella explica incluso, como mencioné antes, que las enfermedades no se contagian entre organismos, sino con la mente, a través de ideas y pensamientos que adoptamos al ver o escuchar a otros.

Con haber identificado el lugar de tu cuerpo donde iba a manifestarse el malestar, ya puedes conocer a través de este método cuál es la causa real detrás de la emoción. De presentarse la segunda alarma con un malestar físico, también puedes usar su método para resolverlo, nunca es tarde, lo importante es aprender a escuchar para actuar en consecuencia. Yo llegué a sanar en segundos aplicando su metodología, en diversas ocasiones. Erradiqué la alergia, dejé de resfriarme en los cambios de temporada, aprendí a manejar mi mente cuando se presentaba algún dolor o malestar en general, hasta que llegó un punto en el que me familiaricé tan bien con mis propios achaques y sus causas, que en cuanto se hacían presentes ya no requería revisar su libro, sino que lo resolvía en mi mente en automático. Así fue hasta que desaparecieron, pues todo se deriva de las mismas limitaciones de la mente y, en cuanto permitas al Ser expresarse con libertad, descubrirás que la salud fluirá por tu cuerpo con facilidad y naturalidad.

Es muy importante saber identificar los nombres de las emociones, porque cada una de ellas representa un tono vibratorio diferente. Tal como las notas musicales, son frecuencias que varían de acuerdo a la intensidad de carga de Amor que tenemos en nuestro sistema. Si aprendes a reconocerlas, te será mucho más fácil reproducirlas. Es como un oído que se vuelve sensible y puede reconocer notas musicales tan sólo con escucharlas, del mismo modo, al nombrar tus emociones con frecuencia, aprenderás a reconocer su sensación en cuanto se manifieste y sabrás también cómo crear aquella emoción que te haga sentir mejor. Después de haber atendido una contracción energética, podrás elegir así de sencillo qué nota tocar, tal como lo harías con un instrumento de cuerdas. En ese momento serás dueño de tu vibración, de tu energía y, por ende, de tu propio mundo.

La mejor parte es que existe un puente para cargar tu sistema de Amor en pocos segundos. Es algo tan sencillo, que sorprende. Hay una emoción, que al ser la más cercana al Amor más puro, se dice que es la llave a una consciencia más elevada y a la abundancia misma. Lo mejor es que es muy fácil de reproducir, ya que existe una forma de hacerlo a través de la palabra. Esa emoción es la *gratitud*. Cuando entras en ese estado vibratorio, de inmediato comienzas a sentirte apreciado, porque te lleva a ser consciente de todo lo que has recibido, de que en realidad eres millonario. Mientras te enfocas en lo que quieres, lo único que haces es poner atención en lo que no tienes y por lo tanto te sientes carente. Pero con la gratitud pasa lo contrario, te sentirás dichoso, lleno, completo, importante, realizado y sobre todo amado. Por eso la gratitud es la llave a la cuarta dimensión de consciencia, que es la del Amor más puro.

Sin embargo, Anthony Robbins dice que el setenta por ciento de las personas compartimos los mismos pensamientos angustiantes, y que el ochenta por ciento de lo que pensamos es lo mismo que el día anterior, cosas como "me preocupan mis finanzas" o "me preocupa un ser querido", dando vueltas cada día en nuestra cabeza y en la de dos terceras partes de los humanos que habitamos el planeta. Pero debemos ser conscientes de que esas ideas no son nuestras, vienen de la *noosfera*, un campo electromagnético que rodea la tierra, donde se encuentra toda la información que las personas emiten desde su cabeza, la cual es conocida también como la *mente colectiva*. Este campo es similar a la nube de internet, de ahí bajamos o subimos datos. El problema es que nos identificamos con los pensamientos que bajamos de ella y nos los apropiamos, pero esos pensamientos han estado ahí por millones de años, no son nuevos, son los mismos que otros han tenido antes, reciclándose desde el inicio de la historia de la humanidad y evolucionando con el pasar de las eras. Cada vez que te enganchas con uno de esos pensamientos y le das vueltas en tu cabeza, vuelves a enviarlo a la *noosfera*, desde donde otras personas podrán volver a descargarlo, y si encuentran con qué empatarlo en su vida, lo harán suyo y volverán a subirlo a la *mente colectiva*, creando un círculo continuo de las mismas ideas estresantes, que son las que nos dañan, pues de ahí viene todo el temor que nos impide expresarnos con libertad.

Visualízalo de la siguiente manera, es como si fuéramos receptores de señal, como un radio o televisión, y esos pensamientos son las ondas que transmiten la señal a esos dispositivos, para que tú puedas ver o escuchar algo. Lo importante es ser consciente de que tú tienes el poder para cambiar el canal y elegir si ves la película de amor, de terror o de comedia. Es tu vibración la que determina cuál onda canalizas. Es como cambiar la radio-frecuencia para sintonizar otra estación. Si cambias tu energía, cambias el canal y la onda que pasa por ti, o el tipo de pensamiento que bajas de la *noosfera*. El Maestro Siddharta Gautama decía que el origen del sufrimiento es el apego, porque es lo único capaz de hacernos sentir temor, ya que todos nuestros miedos provienen de la pérdida, al querernos aferrar a aquello que nos agrada en nuestra vida. Eso sucede porque no confiamos en Dios y en su eterno suministro, nos desconectamos de la fuente de energía que es el Amor y por eso caemos en la vibración densa del temor. Así es que cuando sientas miedo, identifícalo mientras aún es pequeño y transmútalo al Amor antes de que se convierta en un monstruo. Sigue estos pasos para ello:

1. Identifica qué te molesta de una situación, antes de que crezca ese temor.
2. Haz la pregunta transmutadora: ¿Cómo esto me acerca más al amor?
3. El amor propio o incondicional es tu aprendizaje y tu puente de regreso al mismo.
4. Perdónate por generar esa situación en tu vida desde tu Yo responsable.
5. Sé consciente de que tú la creaste para elevar tu vibración y mejorar tu vida, porque según la teoría de cuerdas, si vibras alto, todo lo que te rodea lo hace.
6. Agradece a la situación, porque sin ella no habrías tenido la oportunidad de crecer.
7. Agradece a los involucrados, pues fueron tus maestros para evolucionar.

Se dice que antes de venir al mundo hacemos acuerdos de almas con otras personas, en los cuales, quienes acceden a hacer daño a otros, lo hacen por petición de quien será afectado, para ayudarlo a adquirir sabiduría y expandirse más a través de esa experiencia. Ellos, al meter el pie al otro, detienen su propio crecimiento momentáneamente, para que quien recibió el daño pueda tener la oportunidad de subir un escalón en su proceso evolutivo. Así es que agradéceles de corazón, porque tomaron el riesgo de frenar su propio crecimiento para que tú aprendieras, sin tener la certeza de que tú realmente lo aprovecharías, porque bien podrías quedarte estancado en el papel de víctima y no hacer nada con ello.

¿Cómo funciona la pregunta transmutadora? Todo, absolutamente todo lo que vivimos, ya sea expansión o contracción, es para acercarnos más a Dios, que es el Amor más puro que hay en el universo. Estamos buscando volver a fundirnos con la fuente, que es ese Amor. Es por eso que la mejor pregunta que puedes hacerte es *"¿cómo esto me acerca más al amor?"* Tu respuesta sólo tiene dos vías, hacia adentro o hacia afuera. Por ejemplo, puede ser que requieres aprender a valorarte y ponerte primero, diciendo "no "cuando algo no te gusta. Por otro lado, puede ser aprender a aceptar a los otros como son, sin juzgarlos, amarlos a pesar de sus imperfecciones.

Busca la respuesta que te re-encamine al amor y de inmediato volverás a elevar tu frecuencia para enfocarte en algo que aprecias, amas o disfrutas. Fíjate cómo la apreciación, el amor y la dicha, acaban con el sufrimiento. Haz la prueba, verás que es imposible sentirse agradecido y enojado al mismo tiempo. No se puede sentir gratitud y preocupación al mismo tiempo. El miedo y el Amor no pueden coexistir, porque el temor es la ausencia del Amor, y al mostrarte agradecido inmediatamente te sientes amado. Por eso la gratitud transforma tu energía y transmuta el sufrimiento.

Vibrar en Amor es vibrar en la energía de Dios, que es el Amor mismo, por eso en ella se encuentra lo más hermoso del universo, y tú eres el único responsable de tu vibración. Si logras comprender esto, tendrás un gran poder en tus manos, porque nadie puede mover tu energía, a menos que tú se lo permitas. Así es que aduéñate de tu energía y de tu mundo. Pon en práctica lo aprendido hasta aquí en este momento, escribe tu séptima carta mágica, esta vez dirigida a Dios, sólo inicia con las palabras "Gracias por…" y deja que la pluma fluya.

Carta a Dios

Gracias por…

_____

_____

_____

_____

_____

_____

_____

_____

_____

_____

_____

_____

_____

_____

Como podrás ver, manifestar el Amor, más allá de crearlo en ti, es creerlo en ti. Es entender que ya habita en ti, pues es Dios mismo. El tema es que estamos acostumbrados a buscar el Amor afuera de nosotros, cuando siempre ha estado adentro. Te recuerdo que el poder de manifestación depende enteramente de despertar el Amor propio, pues sólo desde esa energía y fuerza expansiva interior somos capaces de decir "sí" a todo lo maravilloso de la vida. El Amor no es una emoción, es la única energía universal, que, para vivirla plenamente, es indispensable alcanzar un estado de consciencia que lleve a fundirse con Dios. Sólo así podrás vivirlo en toda su extensión, como Amor divino, propio y humano. Jamás será más importante ser amado por otros, que amarnos a nosotros mismos y ser una expresión viva de ese Amor.

Cuando te ames plenamente a ti mismo, te sentirás muy amado por Dios y no tendrás más limitaciones humanas. Podrás amar incondicionalmente, pues no requerirás recibirlo de otros, y entonces, al soltarlo, experimentarás una retribución de la misma energía como nunca imaginaste que podrías llegar a vivirla.

Por eso el *Dharma*, que es la ley natural, puede leerse en español de la siguiente manera: "Dhar-más". Esa es la clave del universo, se trata de dar Amor, de ser un canal de expresión de Dios, que es ese Amor puro.

Así es que comienza por despertar esa frecuencia de energía elevada y excelsa, haciendo agradecimientos diarios. Escribe en un cuaderno todos los días al menos diez cosas por las que te sientas agradecido cada día y verás como te vuelves abundante, como tu vida se transforma, pues la energía comenzará a fluir con mayor intensidad a través de tu cuerpo.

Ahora, llegaron a haber personas que me preguntaban cómo generar la relación de pareja ideal, pues sentían que con vibrar en amor no sería suficiente y querían saber cómo llevarlo a la acción con herramientas emocionales. Te digo de entrada, que con lo visto en este capítulo es suficiente, con agradecer, dar más y elevar tu vibración llegará a ti la experiencia más hermosa del amor humano. Sin embargo, te voy a compartir algunas cosas para contemplar que podrán ayudarte también en ese sentido, dado que las emociones tienden a intensificarse en ese tipo de interacción entre personas. Debes saber que existen dos caminos que son consecutivos, así es que ubica en cuál te encuentras y actúa desde ahí.

El primero es ¿cómo usar el poder de manifestación para conocer a una potencial pareja que cumpla con todo aquello que te haga sentir pleno? La clave de todo está en amarte a ti mismo, por supuesto, pues te traerá certeza y seguridad que te ayudarán a generar con mayor fluidez las condiciones para que suceda. También ten muy claro qué es lo que quieres para que puedas reconocerlo, pero desapégate a su vez de esa imagen, dejando abierta una posibilidad aún más elevada que esa, si es que existe para ti. Siéntete pleno y completo contigo mismo y usa la palabra "prefiero", tal como con el dinero. No la necesites en tu vida, prefiérela. Cuida tu conversación, recuerda que tus palabras son creadoras. Suelta todo el control y tus expectativas, porque eso puede privarte de ver con claridad a tu pareja ideal, entiende que será humana como tú y que no será perfecta. Pero, sobre todo, ten claro que será más rápido si tú te mueves, en vez de esperar a que llegue a tocar a tu puerta, así es que acércate a ambientes relacionados con lo que buscas. Si quieres alguien con buen cuerpo, ve al gimnasio. Si es alguien espiritual, inscríbete a clases de yoga o asiste a espacios de culto. Si buscas alguien a quien le guste viajar, toma clases para aprender algún idioma.

El segundo camino es una vez que ya es tu pareja. A veces olvidamos que es indispensable dar mantenimiento a las relaciones para que permanezcan en óptimas condiciones. Lo más importante, repito, será siempre enfocarte en agradecer y vibrar alto. Sigue cuidando tus palabras y vuélvete responsable dentro de la relación, no culpes de nada a tu pareja, mejor enfócate en ser empático y en ver qué de lo que haces detona ciertos comportamientos en ella, así sabrás cómo actuar acorde a la reacción que buscas obtener. Comprende que, si algo te choca, te checa, pues es un reflejo de tu vibración, ya que al emitir juicios o quejarte, puedes ver con claridad que hay ausencia de Amor en ti, así es que cámbialo por gratitud. Ubica cuáles son sus sentidos más desarrollados para que sepas cómo expresarle mejor tu amor, si por medio de los ojos, de los oídos o del tacto. Esto puede ayudarte para que sepas en qué idioma hablarle, ya que según Gary Chapman, en su libro "Los cinco lenguajes del amor", existen cinco dialectos diferentes dentro de las relaciones, que, aunque todos hablamos los cinco, siempre hay alguno que es nuestro preferido. Así es que comprende primero cuál es el de tu pareja y háblale en ese idioma, antes de enseñarle el tuyo. Esto es muy fácil de ilustrar, si viajas a China y te enamoras de alguien ahí, ¿qué sería lo más fácil para acercarte a esa persona? Aprender su idioma. Una vez que lo hables fluido, puedes enseñarle el tuyo. Estos cinco lenguajes son:

1. Palabras, habladas o escritas.
2. Tiempo de calidad, disfrutar algo juntos y a solas.

3. Regalos o detalles frecuentes.
4. Actos de servicio hacia el otro.
5. Contacto físico de todo tipo, incluyendo la intimidad.

Por ejemplo, mi esposa habla el lenguaje del servicio. Yo no lo entendía, porque yo creía que ella estaba cumpliendo su rol dentro de la relación, según los acuerdos que teníamos sobre nuestra dinámica de pareja, pero todo lo que ella llevaba a cabo era pensando en demostrar todo su Amor y expresarme de ese modo cuánto me quería. Cuando lo vi, comencé a hablar su idioma, empecé a involucrarme en las labores del hogar que ella había adoptado, elegí dejarla dormir hasta tarde haciéndome cargo yo de los niños en ocasiones en las que ella no se lo esperara y procuré hacer tiempo para ocuparme de todo y que ella pudiera tener también momentos de desahogo, saliendo de casa con amistades o familiares. Una vez que comenzó a sentirse amada, la invité a aprender mi lenguaje, ¡que por supuesto es el quinto! ¿qué no ese debería ser el de todos? En fin, la humanidad y sus complicaciones. Sólo bromeo.

Finalmente, puedes apoyarte en la mejor herramienta de todas, que es la maravillosa *Estrella de las Relaciones*. Recuerda que si sientes que la relación se apaga, lo único que requieres hacer es poner atención a una de sus puntas y se iluminará de nuevo. Estas puntas como veíamos antes son:

Afinidad: pasar tiempo juntos haciendo algo que ambos disfruten. Es muy importante saber en qué gustos coinciden ambos, para elegir qué género de película ver juntos, a qué tipo de restaurante ir, qué tipo de actividad al aire libre hacer, si a ambos les gustan los juegos de mesa y cuáles, identifica qué actividades gozan ambos en grande y procúralas.

Atracción: en la pareja, esta punta es una elección diaria. Yo cada mañana recuerdo cómo me sentía en relación a mi esposa cuando recién la conocí y traigo esa sensación al presente. De igual manera, yo elijo seguir siendo atractivo para ella con mi actitud, el cuidado de mi cuerpo físico y mi tipo de vestimenta.

Responsabilidad: si algo no te gusta, aprópialo y cámbialo. Si te haces la víctima no tendrás ese gran poder dentro de la relación. Evita señalar a tu pareja, obsérvate siempre a ti.

Realidad: qué tan presente estás en la relación, dedica tiempo para estar en el panorama. Si te la vives trabajando o de viaje, ten por seguro que la estrella se apagará. Procura hacer de tu relación una prioridad en tu vida, desde ahí lo demás entrará en balance.

Comprensión: si sabes ponerte en sus zapatos, podrás identificar siempre qué es lo que está sintiendo o pensando, y de ese modo actuar en consecuencia, eligiendo conscientemente aquellas formas de conducta que le hagan sentir siempre bien al estar a tu lado.

Comunicación: es importante expresar lo que sentimos y esperamos de la relación para llegar a acuerdos *ganar-ganar* y que la relación siempre se encuentre equilibrada. Además, si nunca le expresas a tu pareja qué es importante para ti, ¿cómo esperas que ella adivine? Esto también te ayudará a ver con claridad si ambos coinciden en ideas. Por ejemplo, si tu pareja tiene una aventura con otra persona, ¿cómo puedes calificar eso de infidelidad si no le expresaste que para ti la exclusividad era importante?, damos por sentado muchas cosas por aquello que la sociedad promueve de cierta forma, pero cada cabeza es un mundo. Si no hablas sobre ello, no te sorprendas ni te sientas traicionado si no es lo que esperabas.

CAPÍTULO 7
EL CUERPO MENTAL

Abordemos ahora los principios de la alquimia, la cual consiste en aprender a transformar el pensamiento para que nuestra forma de ver el mundo cambie y así pueda fluir a través de nosotros la Voluntad de Dios. El cuerpo mental es todo lo que pensamos, desde ahí se construye lo que somos, debido a nuestras creencias sobre nosotros mismos, y también es donde nacen lo juicios, las etiquetas con las que clasificamos lo que nos rodea. Este cuerpo es el de vibración más acelerada de aquellos tres que componen nuestra personalidad humana, por eso es imperceptible a través de los sentidos. Sin embargo, podemos acceder a él en tres niveles diferentes a los que se les ha llamado *consciente, subconsciente* e *inconsciente*. El primero de ellos es el más fácil de contemplar, dado que es como tener una conversación interna, literalmente hablar sin mover los labios. El segundo también puede ser observado al calmar la mente consciente, pues en el silencio interior nos damos cuenta de que una serie de imágenes o pensamientos van pasando como carrusel a través de una capa más profunda. El tercero, el más difícil de percibir, es un procesador que genera ideas de una forma muy acelerada, antes de que aparezcan imágenes o pensamientos ya habían surgido esas ideas fugaces a una gran velocidad en lo más profundo de la mente.

Es ese tercer nivel el que requiere ser transformado, pues es el que sintoniza con la *noosfera* y el que determina cuáles son los pensamientos que llegan a nosotros a través del subconsciente. Pero para transformar la mente inconsciente, primero es necesario limpiar el consciente, porque al predominar pensamientos favorables en éste, cambia nuestra capa más interna. Es importante notar que nuestro cuerpo mental es el que interpreta la realidad y según como percibe el mundo, es como comienza a proyectarlo, buscando reforzar que todo es como el individuo elige pensarlo. Si imágenes pesimistas predominan, como vimos antes, vibrarás en temor, enfocándote sólo en aquello que sea un potencial peligro para ti y en cómo sobrevivirlo. Mientras que, por el otro lado, si te enfocas en pensamientos expansivos, verás oportunidad y aprendizaje en todo lo que te rodea.

Este cuerpo es el que maneja nuestra energía y, por lo tanto, afecta tanto al cuerpo emocional como al físico. Absolutamente todo en el universo es energía con información. Los átomos y sus electrones son ondas de energía que sólo se perciben como partículas al ser observadas, dado que es la forma en que la mente humana las puede comprender. Estas ondas se componen de información que ha sido programada por la mente colectiva, dando forma a la realidad como la conocemos. Pero mientras no haya alguna consciencia interactuando con una parte del planeta, éste no existe más que como ondas de energía con información. Es hasta que una consciencia entra en contacto con estas ondas que todo se manifiesta. La mente es la que interpreta esa información, construyendo todo lo que nos rodea, lo cual no es más que una mera proyección de ella, porque todo a nuestro alrededor sigue siendo ondas de energía con información. Es como cuando vas conduciendo en la autopista durante la noche, los faros de tu vehículo van revelando el camino, pero solamente alcanzas a ver un tramo, el camino aparece conforme sigues avanzando y lo vas iluminando. Con la mente funciona igual, nada existe, hasta que avanzas por el campo de información e interactúas con ella, no solamente por medio de la vista; a través de todas tus facultades sensoriales estás intercambiando información. Si llegas a comprender esto, podrás ver la importancia que tiene el limpiar nuestra mente, debido a que esos datos contenidos en las partículas que nos rodean pueden ser descodificados e interpretados de muchas maneras, construyendo de ese modo cada persona el mundo que es capaz de imaginar, en un ciclo de interpretación y proyección enteramente subjetivo.

Ahora, este cuerpo tiene un poder de manifestación ilimitada, en la mente puedes crear lo que quieras, puedes incluso viajar en el tiempo y si así lo deseas, explorar otras posibilidades al imaginar qué habría pasado al tomar diferentes decisiones en tu vida. Del mismo modo, tiene el poder de crear a cada instante la vida que tú creas que es posible para ti, pero para ello, primero requieres construirla en lo que se conoce como el éter, el plano de la mente. Así es que procura alinear tu pensamiento con la realidad que quieres precipitar, de ese modo tu cuerpo energético se expandirá y tu subconsciente canalizará puras ideas que te encaminarán a materializar esa realidad, la inspiración llegará y podrás tomar acción para dirigirte rumbo a lo que realmente deseas. Para generar una gran fuerza expansiva en tu interior, visualiza lo que quieres involucrando tus cinco sentidos en la experiencia, entra en ella de manera holográfica e involucra tus emociones también, agradeciendo por lo que estás viendo. De ese modo, puedes comenzar a reprogramar tu mente en sus niveles más profundos. El inconsciente es configurado por la línea predominante de pensamiento que generamos, si nos llevamos a vivir experiencias expansivas con mayor frecuencia en la mente, comenzaremos a indicarle al inconsciente en qué tipo de ideas centrarse.

Seguro has escuchado antes que tu cuerpo es un templo, pero ¿te habías puesto a pensar qué significa esto en realidad? Tu cuerpo es un templo porque es donde habita Dios mismo, Él no se encuentra en el cielo o en el centro del universo, Él está adentro de ti. Y ¿sabes para qué sirven los templos? Son potencializadores de señal divina, son lugares que congregan energía para lograr una conexión profunda con Dios, pero a diferencia de lo que se piensa, no es hacia afuera, sino para hacer más intensa la experiencia interior. Un templo es una antena espiritual que nos permite conectar nuestra mente con la fuente misma adentro de nosotros. Pero si un templo se está cayendo a pedazos convoca menos energía, esta se dispersa debido a los distractores que nos rodean. Es como cuando una antena está rota, no transmite señal de forma clara, sino con mucha interferencia.

Por eso es importante limpiar nuestra mente, para que emita señales claras al universo sobre lo que queremos. Como bien se dice, "pide y se te dará", así es que pide con claridad, evita emitir señales confusas a través de tus temores y limitaciones. Tu cuerpo mental es el equivalente a la cajita de la radio que tiene un modulador de radio-frecuencia, una perilla que, al cambiarla, puede sintonizar otras estaciones de radio. El cuerpo mental equivale a girar esa perilla, y sentirás que cambiaste de estación porque tu energía se moverá. Pero antes de cambiar la frecuencia es muy importante asegurarse de que la antena, que es tu cuerpo físico, se encuentre en óptimas condiciones, o te será más difícil concentrarte en tu intención.

Jean Pierre Garnier habla sobre algo a lo que él llama el *doble cuántico*, que viene siendo el equivalente a un ser superior de nosotros mismos que habita en un plano de existencia más expandido o sutil, quien se encuentra en este momento dentro de una especie de trance proyectando esta realidad, por lo que tiene la capacidad de crear lo que desee, como cuando tienes el poder de manipular un sueño. Pero esta mente superior, a la que también se le ha denominado "Manas", actúa en base a la información que recibe desde ese tú que eres ahora.

Según los pensamientos que transmites, es lo que construye para sí mismo en esta realidad, dado que es aquí, dentro de tu forma, donde se encuentra consciente. El problema es que todo el tiempo emitimos mensajes contradictorios. Decimos "quiero esto", y después lo aniquilamos con un "pero es imposible". Por eso, Jean Pierre Garnier dice que lo mejor que puedes hacer para emitir señales claras a ese *doble cuántico* con el fin de que proyecte la vida que realmente anhelas, es visualizar sólo posibilidades expansivas antes de dormir, de ese modo no darás oportunidad a tus temores de meter interferencia en la señal, ya que esa será la última información que emitirás durante el día, sin contaminación.

Como verás, por eso es tan importante limpiar el pensamiento o, mejor dicho, reprogramar la mente, para que se transforme desde sus niveles más profundos y que cada señal que comencemos a emitir nos favorezca, tumbando todos los muros que nos frenan. Sólo contempla que la frase "yo creo mi realidad" tiene doble sentido, el cual radica en la palabra "creo", de "creer" y "crear". ¿Te fijas qué tan importante es ser consciente de lo que dices? Lo que crees, lo creas, porque todo se deriva de la mente. Sin embargo, la lógica puede convertirse en nuestra peor limitación, ya que, aunque es muy útil en la vida práctica, es un enemigo directo de la expansión de la consciencia, porque busca permanecer siempre dentro de lo conocido, en lugar de abrirse a nuevas posibilidades.

Por eso deberás estar abierto a desaprender todo lo que no te ha funcionado para adquirir el conocimiento que viene a continuación. Si llegas a sentir un corto circuito o que tu mente no está logrando asimilar algo, significa que vas bien, así es que no te preocupes, ya irán *cayendo los veintes*. A eso se le llama neuro-plasticidad, cuando la consciencia se expande, la mente humana tarda en alcanzarla, por eso al principio sientes que no entiendes, que te has agotado o incluso llega a dolerte la cabeza, porque literalmente tu cerebro comienza a generar nuevas redes neuronales para alcanzar el entendimiento al que ha llegado tu consciencia y, cuando lo logra después de unos días, comienzas a comprender la información adquirida.

Así que vamos a empezar a generar unos jalones de energía para expandir tu consciencia y para que lo que viene pueda ser recibido y asimilado con mayor apertura. Decíamos que creer es crear, pero aún no hemos visto a qué niveles. Si yo te preguntara si el ser humano puede volar, seguramente me dirías que sí, en aviones. Pero, ¿qué pasaría si te comentara que los aviones solamente vuelan porque quienes van a bordo creen que es posible? Según la física, un avión pesa tanto en la suma de aleación de metales, turbinas, tecnología, equipo, equipaje, pasajeros, entre otras cosas que, al alcanzar la velocidad requerida para el despegue, los alerones simplemente serían arrancados por el viento y el avión seguiría de frente a gran velocidad sobre la pista. Es como en el caso del abejorro, según la física sus alas son tan pequeñas y delgadas que no podrían levantar el peso de su cuerpo, pero el abejorro inexplicablemente vuela, porque nadie le ha dicho que no puede hacerlo. No vayas a asustarte cuando te subas a un avión, habrá otras doscientas personas contigo que no tendrán esta información y su fuerza de pensamiento colectivo hará que el avión se eleve, así es que puedes estar tranquilo, sólo no te levantes antes del vuelo a decírselo a todos.

Nuestra mente tiene el poder de controlar la materia, lo cual podrías hacer incluso de manera deliberada si comprendieras e incorporaras a tu consciente que vivimos en un campo de energía con información, por lo que tú podrías indicar a los átomos de una pared que vas a pasar a través de ella sólo con tu pensamiento, y estos se abrirían dejando pasar entre ellos a los átomos que componen tu propia forma. Así es como tú le indicas a tus manos, sin darte cuenta, que se muevan, a tus piernas que caminen o a tus pulmones que respiren, pues todo ello es energía con información que te está obedeciendo a cada instante, justo como lo hace todo lo que te rodea. ¿Cómo crees tú que suceden los milagros?, ¿qué crees tú que sabían grandes seres como Moisés y Jesús para realizar tantas proezas? Ellos se sabían uno con Dios y operaban desde esa consciencia, haciendo que la materia obedeciera a sus mentes, por eso Moisés abrió las aguas y Jesús podía multiplicar el pan, convertir el agua en vino e incluso sanar a las personas con sólo un pensamiento.

En este capítulo recordarás cómo transformar tu realidad como te dé la gana, pero para ello deberás asentar primero lo que son las dimensiones. Con ese conocimiento de vuelta en tu consciente, podrás hacer lo que quieras, porque saber desplazarse entre dimensiones es la herramienta de manifestación más poderosa que existe, pues te ayudará a notar que todo lo que ves en tu mente ya está hecho, y por ende puedes precipitarlo o materializarlo. Así es que vamos a comprenderlas a profundidad, desde tres corrientes diferentes, unificando la ciencia, la religión y la filosofía, tal como proponía Helena Petrovna Blavatsky en su *Teosofía*.

Empezaremos por la ciencia, para que tu mente racional se sienta en terreno seguro, viendo qué dice la Mecánica Cuántica sobre las dimensiones. Para la física, una dimensión sería equivalente a una línea, mientras que una segunda dimensión añadiría altura a una figura, que se mantendría plana. Al haber tres dimensiones, la figura pasaría a tener profundidad. Imagina un cuadrado (de dos dimensiones), convirtiéndose en cubo (de tres). Aplicado a la realidad, la tercera dimensión viene a ser la percepción espacial. ¿Pero entonces cuál es la cuarta dimensión? Según explica Albert Einstein en su *Teoría de la Relatividad*, viene a ser el tiempo, el cual describe como: "un objeto, en un determinado lugar, en un determinado momento del tiempo". Para Einstein, el tiempo era relativo por dos razones, primero porque la experiencia con el mismo varía según nuestro estado de ánimo, por eso minutos pueden parecer horas o segundos. Él lo ejemplificaba de la siguiente manera: imagina que existen unos gemelos, de los cuales uno es astronauta y sale en un viaje por las estrellas, mientras su hermano permanece en la tierra llevando una vida cotidiana. El astronauta, al estar en una experiencia que involucra adrenalina y mucha emoción, sentirá que el tiempo ha pasado más rápido, mientras su gemelo al llevar una vida normal en la tierra, lo vivirá mucho más lento. Cuando ambos se reencuentren, se darán cuenta de que aquel que se quedó en la tierra está significativamente más envejecido, al haber sentido que pasó más tiempo.

Además, Einstein explicaba que el tiempo es como una nube de información en la cual todo está ya plasmado o almacenado, cada suceso del pasado, presente y futuro. Algo muy parecido a lo que es la nube de internet. Él explicaba que por eso tenemos acceso a través de nuestra mente a eventos del pasado e incluso del futuro, dado que sólo estamos yendo a navegar entre los datos que se encuentran en esa nube, pero realmente vivimos en un eterno presente, mientras que el tiempo es una forma de percibir esa nube de información.

Algunos años más adelante, llegaron a la escena científica dos grandes mentes alemanas para plantear el razonamiento que describiría la quinta dimensión. Ellos fueron Theodor Kaluza y Oskar Klein, quienes llamaron a su hipótesis la *Teoría Kaluza-Klein*, la cual partía del planteamiento de Einstein sobre la relatividad del tiempo. Ellos se preguntaron qué pasaría si a ese objeto que se encontraba en un determinado lugar y en un determinado momento del tiempo, se le aplicara una fuerza, pues en ese caso se encontraría en un lugar diferente y sus posibilidades se verían alteradas. Por ejemplo, si tienes un vaso en la orilla de una mesa, es probable que suceda un accidente, en el cual el vaso se quiebre al caer al suelo, pero si aplicas una fuerza al vaso y lo mueves lejos de la orilla, habrás cambiado esa probabilidad y por lo tanto sus posibilidades habrán sido alteradas. Ellos decían que, según la teoría de la nube del tiempo, ambas posibilidades habrían quedado almacenadas como información, a lo que llamaron la *bifurcación del espacio-tiempo*. Esta teoría pone en la mesa desde una perspectiva científica por primera vez lo que es el libre albedrío, pues las posibilidades sí pueden ser alteradas, cambiando el resultado.

Lo más sorprendente, es que la fuerza que puede ser aplicada a un objeto, llega a ser tan sutil y refinada como un pensamiento, ya que posteriormente pudo comprobarse que las partículas sub-atómicas reaccionan a la mente humana. Durante un experimento realizado por Pier Giorgio Merli y posteriormente por Akira Tonomura, basados en las conclusiones de Thomas Young, quien demostró que la luz se conforma de ondas y no es corpuscular, se dispararon electrones con una pistola especial hacia una pantalla, colocando un bloqueo en el camino que tenía dos rendijas, para ver si el mismo principio aplicaba a la materia. Lo que descubrieron fue sorprendente. Mientras nadie observaba el experimento, en la pantalla del fondo se formaban cinco líneas de electrones, demostrando que al igual que la luz en el experimento de Young, se comportaban como ondas de energía. Como cuando tiras dos piedras al agua al mismo tiempo y cada una forma sus propias ondas, que intersectan en algún punto. Pero al observar el experimento, se formaban únicamente dos líneas. La conclusión fue, que al momento en que observamos la energía, se convierte en partícula.

Esto daría la razón a Niels Bohr, quien planteó la *interpretación de Copenhague,* dando seguimiento a la Teoría Kaluza-Klein. Bohr decía que el tiempo no se bifurca al aplicar una fuerza sobre un objeto, sino que al todo ser ondas de energía, cada posibilidad se encuentra presente dentro de estas ondas como potencialidades en una superposición cuántica. Como si ya estuviera escrito todo de antemano y almacenado como información en el campo de energía que conforma el mundo en el que vivimos. Bohr decía que al momento en que tú observas estas ondas, de acuerdo a tu interpretación, éstas se convierten en partículas dándote el resultado que tu mente es capaz de concebir como la realidad. Erwin Schrödinger lo expondría de forma más clara explicando que, si encierras a un gato en una caja con veneno, mientras no abras la caja, tanto la posibilidad de que esté vivo, como de que esté muerto son reales. Sólo al observar el interior de la caja, sabrás el resultado.

Yo lo visualizo de la siguiente manera: es como si antes de nacer hubieras creado un disco de vinilo en donde plasmaste un sinfín de posibilidades con millones de resultados. Tu vida comienza en el centro y se desplaza hacia la orilla creando la ilusión de la línea del tiempo, pero en el camino tu consciencia puede desplazarse a cualquier punto del disco, por eso es redondo y no únicamente una línea recta. Cada vez que te desplazas sobre un mismo punto, es como si giraras el disco y cambiaras tu línea del tiempo, moviéndote entre diferentes realidades o posibilidades que ya estaban previamente grabadas en el disco. Visualízalo como si hubieras hecho un mapa conceptual de tu vida y colocaras tu vista al inicio de él, para de ahí ir viendo cómo evolucionan los eventos, bifurcándose en diferentes caminos según las elecciones que haces, pero tu vista, que representa la consciencia, sólo puede seguir una de esas posibilidades a la vez, hasta llegar a uno de los millares de desenlaces que tú mismo escribiste. Esta hipótesis demostraría que tanto el destino como el libre albedrío pueden coexistir, porque sería verdad que todo está escrito, pero no únicamente en una línea del tiempo, sino en millones entre las cuales podemos elegir. Esto nos lleva a la segunda corriente, que es la Metafísica, palabra que significa "más allá de la física", nombre que adopta la disciplina que busca entender todo aquello que la ciencia aún no ha llegado a comprobar. Es de aquí de donde surgen todas las religiones del mundo, que se centran en los fenómenos espirituales y en los misterios del universo.

Según los metafísicos, las dimensiones vendrían a ser diferentes estados de consciencia o diferentes frecuencias vibratorias que contienen sus propias realidades o universos. Para ellos el desplazamiento de consciencia mencionado anteriormente equivale a un cambio de dimensión, pero yo prefiero simplemente llamarles *frecuencias vibratorias,* para evitar una confusión con los distintos planos de existencia, a los que también se les llama *dimensiones* y que es un tema que abordaremos en el siguiente capítulo.

La energía y la consciencia van de la mano, de hecho, son lo mismo. Cuando sientes un cambio en tu energía, estás experimentando un desplazamiento de consciencia a través de todas estas frecuencias vibratorias del disco. Dicen los metafísicos que entre más conocimiento posees sobre la verdad del universo, más expandes tu consciencia, y por ende accedes a realidades o posibilidades más elevadas para ti. Eso es lo que significa ser más consciente. Es como si compararas a un niño de dos años con uno de siete, claro que las posibilidades del niño mayor son mucho más extensas, tiene un panorama más amplio frente a él para elegir qué quiere, puesto que es más consciente de cómo funciona la realidad, mientras un niño más pequeño se permite ser guiado todavía por sus padres y tiene un menor poder de elección. Para entenderlo mejor, voy a partir el disco a la mitad, creando un abanico de posibilidades.

Imagina que tú eres el círculo del centro, y cada uno de los gajos que se encuentran adheridos a ti, son todas tus posibilidades inmediatas, son las elecciones que puedes hacer en el presente. Los que se encuentran separados por una franja representan cada uno de los resultados que esas elecciones te pueden traer en el futuro. Parto el círculo a la mitad precisamente para que sea claro cómo funcionan las polaridades energéticas en este caso. El lado izquierdo representa una polaridad negativa o de frecuencia densa y el lado derecho su contrario, las posibilidades más expandidas. Si te fijas, todo depende de la energía con la que eliges en el presente.

Si te encuentras vibrando denso, desganado, viendo pura catástrofe a tu alrededor, elegirás en base a ello, teniendo un resultado atroz. Pero si cambias tu energía, puedes elegir desde un punto más expandido, creando algo extraordinario para ti. Por eso requieres alinearte con la frecuencia de aquello que anhelas en tu vida, para que tu consciencia te lleve a tomar las decisiones que lo hagan suceder.

Así es como funciona el desplazamiento de consciencia, a través de la energía. Ya sabes que la gratitud puede ayudarte a elevar tu frecuencia vibratoria; sin embargo, algo que te ayudará también a salir del pensamiento negativo es saber que todo lo que ves en tu mente, ya está plasmado en la nube del tiempo, desde el escenario más terrible, hasta el más maravilloso que seas capaz de imaginar.

El tema es que según donde coloques tu atención, comenzarás a resonar en esa frecuencia, porque operarás desde el miedo o desde el Amor, cayendo ya sea en donde temías o manifestando aquello que tanto anhelabas. Así es que, cuando vengan pensamientos catastróficos a tu mente, cámbialos por aquello que quieres realmente. Es como si te estuvieras asomando por una ventana desde tu mente, para ver posibilidades que ya están plasmadas, si no te gusta lo que ves, cierra esa ventana y abre una del otro lado, para que puedas resonar siempre con todo lo que anhelas en tu vida. Tú eres el único que tiene el poder para elegir las imágenes que sostienes en tu mente.

En la metafísica se dice que la tercera dimensión es la consciencia dormida, donde el hombre cree que sólo hay un destino y que no puede elegir algo diferente, que vive lo que le tocó según como lo dictó Dios. La cuarta dimensión de consciencia es la del Amor, al entender que Dios nos ama tanto, que nos concedió la libertad de elegir lo que queramos crear a través del libre albedrío. La quinta dimensión de consciencia es la de Unidad, la más elevada a la que se puede aspirar en la experiencia humana, que es cuando te das cuenta que eres uno con Dios y con todo lo demás que es, entonces puedes operar desde ahí para crear milagros y ayudar con ese poder a toda la humanidad, porque tu consciencia se amplifica llegando al entendimiento de que al servir a otros te estás haciendo un bien a ti mismo. Es en ese punto en el que se alcanza la consciencia del Mago, quien es no sólo libre de elegir su propio camino, sino el rumbo que puede tomar el planeta entero.

Así, llegamos finalmente a la tercera corriente, que son las Ciencias Herméticas, Ocultas o Secretas. Aquel conocimiento que ha sido supuestamente resguardado para que no caiga en manos de quien no esté preparado, dado el gran poder que otorga. Se llaman "Herméticas", porque provienen de Hermes Trismegisto, un sabio egipcio que vivió aproximadamente en el año dos mil antes de cristo. Si alguna vez has escuchado que algo es hermético, buscando expresar que está sellado, esa palabra tiene su origen en el nombre de este gran ser. Hermes es una de las más grandes mentes que ha dado la historia de la humanidad, fue el maestro directo de Abraham y de sus enseñanzas se escribió el *Zohar*, el libro que contiene todo el saber de la *Cábala*. Él fue el primer alquimista que ha sido registrado en el tiempo y fue el precursor de la filosofía, siendo la mayor inspiración de los sabios en la antigua Grecia.

Hermes, en el libro que recopila su enseñanza más importante, llamado el *Kybalion*, explica que la cuarta dimensión son las vibraciones, porque absolutamente todo vibra, ya que está compuesto de átomos con electrones. Pero Hermes también decía que el todo es mente, y que esa mente es lo que codifica la información que contiene el electrón. Por ende, la quinta dimensión es la mente, que es donde radica el poder de elección para cambiar la vibración de todo lo que nos rodea. Los alquimistas le llaman el *éter*, el quinto elemento que es capaz de controlar a los otros cuatro, pues la materia obedece a la mente.

Por eso el primer Principio Universal de Hermes es el de *Mentalismo*, porque todo es mente, el universo es mental. Y al ser Dios el todo, por ende, Dios es mente también. Y al nosotros ser una manifestación de Dios, quiere decir que somos parte de esa inmensa mente, somos puntos focales de esa bastedad, como si fuéramos neuronas en la eterna inmensidad de lo que es Dios. Literalmente somos como una breve descarga eléctrica. Pero así como una gota del mar contiene todos los atributos del mar mismo y no deja de ser mar, a pesar de estar separado en una pequeñísima fracción de su fuente, así nosotros somos una experiencia individualizada de Dios, o más bien focalizada, como si existiera una maqueta de todo el universo y Dios se enfocara en contemplar un punto específico dentro de una de las trillones de esferas de su creación, que eres tú. Somos un sueño de esa consciencia universal, por eso la realidad es relativa, porque es la proyección de una gran mente que la está imaginando, y al ser tú una extensión de esa mente, es a su vez tu propio sueño el que estás experimentando en este momento. De ese modo, todos los sueños pasan a ser reales, pues son una proyección más de la consciencia, es sólo que tú has elegido darle continuidad a éste que estás viviendo ahora, creando la ilusión de que ésta es la única realidad que existe.

Pero tu imaginación es igual o más real que este mundo, que según tú diferencias de los sueños por ser palpable, porque sólido no es sinónimo de realidad, si no me crees, búscalo en un diccionario. Piensa en esto, ¿realmente los sentidos existen en el cuerpo? Si yo te digo que pienses en como sabe una naranja en este momento, ¿puedes experimentar su sabor? Entonces el gusto no está en tu lengua, sino en la mente. Por eso puedes soñar y experimentar lo que vives ahí con tus cinco sentidos. En ocasiones hasta crees que esa es la realidad porque se experimenta igual de vívida, igual de sólida, pero entonces "despiertas" y crees que esa fue tan sólo una ficción porque no lleva una continuidad al igual que esta vida que te has construido, por eso crees que esta es la única realidad que hay. Cuando involucras en una visualización tus sentidos y tu energía, se dice que estás en el plano astral o etéreo, el plano de la mente donde todo es posible, donde puedes ver el futuro, volver al pasado, hablar con aquellos que han dejado el plano material e incluso palparlos. En la mente puedes cambiar tus posibilidades y experimentar cómo sería otra realidad. Todo eso está pasando. La ciencia ha descubierto que en el sueño se imprimen las mismas marcas en el cerebro humano que en el estado de vigilia, porque el cerebro no diferencia una cosa como ficción y otra como "realidad", pues sabe que toda vivencia es real. Fue programado para reaccionar a todo tipo de proyección de la consciencia para poder adquirir la sabiduría que buscamos a través de cada experiencia en éste o cualquier otro plano de existencia.

De hecho, entre más sutil o fina es una experiencia, es más real, porque está más cerca de Dios. Si es más sutil, significa que es más expandida, y el plano de máxima expansión es el séptimo, que es el de la consciencia pura o Divina. Literalmente vivimos en una *matrix*, creada por la mente universal, que eres tú mismo a la vez. Por eso, creer es crear, y por eso es que somos cien por ciento responsables de nuestro universo personal, porque nosotros lo creamos a través de nuestra interpretación de la realidad. Por ello, podemos elegir algo diferente si se nos pega la gana. Este es el Arte de la Realización, el Arte de la Alquimia, que es la principal actividad del Mago, aquel que realiza sus anhelos porque se sabe uno con Dios y desde esa consciencia crea su realidad, conociendo que nada se le puede negar. En este punto todo se unifica, porque según la Mecánica Cuántica, la cuarta dimensión es el tiempo, el cual es relativo porque se experimenta de acuerdo a nuestra vibración, que no es mas que un reflejo de la carga de energía primigenia o Amor que hay en nuestros electrones, siendo la vibración y el Amor, la cuarta dimensión del Hermetismo y de la Metafísica respectivamente. Además, el tiempo, según Einstein, es una nube que contiene toda la información del universo, permitiéndonos saber que todo lo que vemos en la mente es real y según la quinta dimensión cuántica, podemos elegir desplazarnos de manera deliberada entre las diferentes posibilidades que existen para nosotros, ya que la materia obedece a la mente, la cual opera diferente desde los distintos niveles de consciencia a los que tenemos acceso, siendo la mente y los estados de consciencia la quinta dimensión de las Ciencias Herméticas y de la Metafísica respectivamente. De este modo, al unificar todas las corrientes, podemos afirmar que las dimensiones representan el libre albedrío y son meramente un desplazamiento de la consciencia pura, a través de su basta creación.

Así es que ya sabes, al cerrar los ojos estás accediendo al éter, al quinto elemento, el plano de la mente o etéreo en donde todo lo que vemos es real, pues todo es proyección de la consciencia. Por eso en la mente podemos despertar nuestras facultades sensoriales. Ahora sabes que todo lo que ves en tu "imaginación" existe en algún punto del universo, al que tu consciencia se está desplazando para asomarse, pues sólo estás accediendo a esa nube de información que mencionaba Einstein. En ese plano todo es posible, pues es donde nuestro poder de manifestación es ilimitado. El tema es saber cómo precipitar nuestra creación en esta otra realidad, en este otro sueño densificado. La clave está en la certeza y en el gozo, pues estos nos mantienen en la vibración de Amor, donde todo lo maravilloso existe. Y para gozar al máximo, no hay nada como traerte al presente y hacer lo que tu Voluntad dicte en el ahora, dejando en manos de tu Ser Superior la realización de aquello que anhelas, como explica Jean Pierre Garnier. Sé consciente de que si sueñas con algo es porque ya está hecho, y que es tu consciencia superior o Dios mismo el que está generando el impulso en tu corazón para que elijas esa posibilidad. Enfoca tu atención en lo grandioso que hay para ti y agradece por ello por adelantado, siendo consciente de que si lo ves, es porque ya existe.

Como decía Jesús en Marcos 11:24... "Cree que ya has recibido todo lo que estés pidiendo en oración y lo obtendrás", porque literalmente, es así. Acepta esa posibilidad y procura escuchar a tu corazón en este momento, para ser guiado en el presente. Esa es la voz de tu Ser Superior, del doble cuántico o del mismo Dios, diciéndote qué requieres hacer en el ahora para llegar a esa realidad que anhelas. Sólo escucha y confía en ti mismo, no te juzgues, lo que se sienta más expandido es el camino indicado. Un gran maestro me enseñó a reconocer esa fuerza expansiva como aquello que se percibe ligero, gozoso y divertido.

CAPÍTULO 8
EL CUERPO ESPIRITUAL

Anteriormente hemos relacionado el cuerpo físico con un automóvil, e incluso mencionado que las emociones y la mente son componentes del mismo, pero ¿quién es el conductor de ese vehículo? Para conocerlo abordaremos el último y más importante de los cuerpos básicos, aquel que representa lo que somos en realidad, nuestro ser puro, que es causa y centro de todo nuestro sistema de cuerpos.

A través de lo que recordarás en este capítulo volverás a alinearte con tu ser, o al menos tendrás esa posibilidad al alcance de tus manos, con el fin de que puedas despertar tu máximo potencial. Pero para ello, requieres aprender a escuchar esa voz interior, que proviene de nuestro cuerpo espiritual, el cual es nuestra esencia, es la luz que habita dentro de nosotros, esa que en la Magia y en muchas culturas antiguas era llamada el ser solar, aquel que es de vibración variable e ilimitada y puede densificarse creando una forma material o expandirse hasta fundirse con la Divinidad. Este ser, es el que está hecho a imagen y semejanza de Dios, dado que está compuesto de su energía, de su consciencia, y por ende es el portador de Su Voluntad, que se hace manifiesta a través de la fuerza expansiva interior a la que llamamos "anhelos".

Conforme se expande nuestra consciencia, vamos reconectando cada vez más con esta esencia interior, llegando a un mayor entendimiento de lo que somos en realidad, pero para alinearnos con nuestro ser genuino requerimos saber reconocer su voz, así podemos seguirlo hacia la realización de nuestra verdad, que es el Dharma. El ser nos habla desde el corazón, con lo que conocemos como "intuición". Para comprenderlo mejor, te explicaré cómo está compuesto este cuerpo y cómo es que se da la experiencia de comunicación con él, puesto que más allá de lo que expone Jean Pierre Garnier con su doble cuántico, esta consciencia superior no solamente nos escucha, sino que nos habla constantemente. Así es que estudiemos el cuerpo espiritual a profundidad, ya que se divide en siete sub-cuerpos:

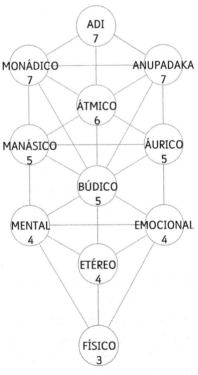

Éste es el árbol de la vida de la *Cábala*, a lo que le llaman *el algoritmo de Dios*, dado que todo en la creación corresponde a este patrón, incluida la composición del ser humano. Como podrás ver en la imagen, hasta abajo aparece el cuerpo físico, que es el inferior por ser el de una aleación de energía más densa. Hacia arriba le sigue el cuerpo etéreo o astral, que es aquel con el que te mueves e interactúas en el plano de la mente, el cual es más sutil y expandido que el cuerpo físico y, de hecho, sería nuestro cuerpo material más real, puesto que está más cerca de Dios, mientras que el físico es meramente un reflejo del etéreo. Por eso, el cuerpo mental y el emocional, aparecen más cerca del etéreo, ya que son componentes de ese cuerpo, aunque podamos hacer uso de ellos desde el físico. El cuerpo mental se refiere a nuestra mente humana y el emocional como vimos, al indicador de nuestra expansión o contracción energética. Estos cuatro conforman el grupo de lo que son nuestros cuerpos mortales, esa parte que fue creada y tendrá fin en algún momento. Después de morir el cuerpo físico, los otros tres sobreviven un breve periodo de tiempo, para elegir si volver a materializar una forma en el plano físico o si nos expandimos más. Notarás que, en la figura, los cuerpos vienen acompañados de un número, éste corresponde al plano de existencia en el que habita cada parte de nosotros, como veremos más adelante.

Las siete esferas que aparecen arriba de estos cuatro cuerpos, son aquellas que componen nuestro cuerpo espiritual, el cual, como podrás notar, se divide en tres planos de existencia diferentes. Esta figura es lo que se conoce como *el cubo de Metatrón* o *la estrella de David*. Al centro se encuentra nuestro Espíritu, el cuerpo Átmico o Alma Superior, que es el que une nuestra

Alma con Dios, es el intermediario entre ambos y es aquel que llaman el Espíritu Santo. Ésta es una consciencia que ha sido focalizada para crear una primera experiencia de individualidad, desde la consciencia pura universal, que es Dios, el cual aparece arriba, en la corona de la figura, presentándose como la Divina Trinidad, que son los cuerpos de Dios:

- *Adi*: en sánscrito significa "el primero o primigenio". Representa la Volunad Divina.

- *Monádico*: en sánscrito significa "la fuente única". Representa la Sabiduría Divina.

- *Anupadaka*: en sánscrito significa "sin padres o progenitores". Representa el Amor Divino.

No debemos confundir esta trinidad con la católica, pues son cosas diferentes, éste es el compuesto Trino de cuerpos que conforman la energía del Padre, mientras que el Espíritu Santo es el cuerpo Átmico y el hijo es todo lo que aparece debajo de él, ya que el cuerpo Búdico, también llamado Crístico, representa nuestra Alma, que es desde donde son creados el resto de nuestros cuerpos, a través de un proceso de densificación de su propia energía. Este es el mismo que llaman en la Magia *el Cuerpo Solar*, y es al que Jean Pierre Garnier le llama el *doble cuántico*. Este cuerpo de luz, sin forma detallada, posee una mente Manásica que no se limita al cerebro humano, así como un campo electromagnético, que es lo que llamamos *Aura*. Si te fijas, el cuerpo emocional no es más que un sensómetro que sirve para identificar la expansión y la contracción de ese campo electromagnético, y el cuerpo mental no es más que un sistema que nos ayuda a procesar el mundo desde la forma humana, pero es meramente un instrumento o herramienta de la mente superior, que es la forma de pensamiento que proviene de la consciencia pura. Esto quiere decir que el Cuerpo Solar, nuestra Alma, no posee cerebro, sin embargo, es pensante, incluso a una capacidad superior de la que posee la mente humana. Es esta misma Alma, la que crea diversas formas o encarnaciones dentro de su trance para experimentar el mundo en el que estamos y así ampliar su propia consciencia, y es justo ese *Ser Solar* que somos en el quinto plano de existencia, al que buscamos recordar como escuchar. Nuestros desajustes físicos o emocionales se deben a que frustramos la expresión de nuestra Alma, cuando la mente humana se contrapone a su voluntad. Es todo un proceso que inicia en la corona, cuando desde la Sabiduría y el Amor de Dios se genera una Voluntad Divina para nosotros, la cual baja al Espíritu, convirtiéndose en voluntad espiritual, lo que quiere decir que la adoptamos como propia (por eso el Espíritu es representado con una paloma blanca, porque es el mensajero entre Dios y el Alma). Posteriormente, esta voluntad baja a nuestro cuerpo Búdico o Solar, lo cual podemos percibir claramente incluso dentro de nuestro cuerpo físico, ya que se presenta en el Manásico como una gran inspiración, una idea que genera una fuerte expansión de energía en nuestra Aura. Esa sensación es a lo que llamamos "intuición", la voz silenciosa o del Alma, que nos dice a través de ideas, imágenes y de la energía misma, qué es lo que busca expresar a través de nosotros.

El problema radica en que ese mensaje no baja de manera directa a nuestro cuerpo físico, sino que es desviado hacia el mental, para ser observado, analizado y comprendido, pero lamentablemente se encuentra con todos nuestros temores y juicios. Por ejemplo, si el mensaje es "quiero cantar", se ve bloqueado por creencias como "es muy difícil, mucha gente lo hace, no soy especial, me voy a morir de hambre, no tengo las relaciones", esto es llevado a nuestro cuerpo emocional, donde se experimenta una abrupta contracción energética en el Aura, que es aquello que etiquetamos como ira, tristeza, frustración, entre otras. Al no atender esa señal que nos emite el cuerpo emocional de que está siendo bloqueada la voluntad del Alma, entonces se ve reflejado en el cuerpo Etéreo y posteriormente en el Físico, como vimos antes, en forma de dolor, malestar o enfermedad. Pero sólo es un mensaje más, al descubrir el anhelo del Ser que ha sido bloqueado y realizarlo, cualquier problema de salud o emocional será resuelto en automático.

Por eso es tan importante saber escuchar a nuestro ser interior, y en este capítulo llevarás a la práctica un ejercicio para entablar una conversación real con él. Te explicaré cómo funcionan los planos de existencia para que veas con claridad cómo es que esto es posible.

En diversas sendas espirituales, incluida la budista, se dice que todos los seres pasamos por siete etapas en nuestro camino evolutivo, las cuales son incluso reconocidas por científicos de gran renombre, como Nikola Tesla. Estos planos de existencia, son los siguientes:

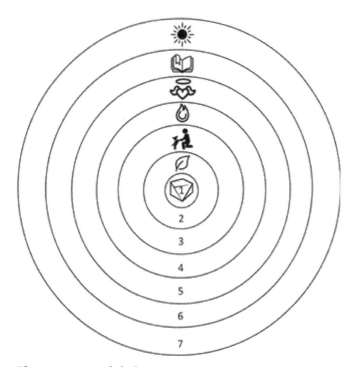

El primero es el de los minerales. Todo aquello que no es orgánico pertenece a este plano de existencia, como las piedras, la tierra, la arcilla, entre otros. Se dice que en ese reino hay un palpitar de vida, porque los minerales, al estar formados de electrones, son consciencia, sólo que no tienen cuerpo emocional, ni mente. Todos, sin excepción, hemos pasado por este plano de existencia, siendo el primer nivel de nuestro camino evolutivo.

El segundo es el de las plantas. La diferencia con el anterior es que se adquiere un cuerpo emocional, por eso las plantas pueden expresarse a través de la belleza, así como reaccionar a la energía. Ante el Amor florecen hermosas, y frente a la agresión se marchitan.

El tercero es el de los animales y los humanos, que es donde nos encontramos. Si en teoría estamos un escalón más arriba, ¿qué nos diferencia de los animales? Pues ellos ya tienen cuerpo mental al igual que nosotros. Los animales piensan, pero no tienen consciencia de sí mismos, aún no perciben la separación de todo lo demás. En otras palabras, no tienen Ego. Podríamos llegar a pensar que eso significa que son más evolucionados que el ser humano, pero la realidad es que el proceso de individualización es necesario en nuestro desarrollo, porque sólo de ese modo podremos alcanzar en su momento el séptimo plano de existencia para desprendernos del universo actual y llegar a crear el nuestro. ¿Te parece sorprendente? Si ese no fuera el fin, ¿entonces cuál sería el propósito de estar en un proceso de maduración? El universo es como una célula inmensa, que puede reproducirse. Por eso nos llaman los hijos de Dios, porque podremos eventualmente salir de casa para explorar otras posibilidades que la mente humana no es capaz de concebir o comprender y por eso, nunca perderás tu individualidad, aún al ser consciente de tu Unidad con Dios.

El cuarto es el éter, también llamado *astral*, que es el plano de la mente. Ahí se encuentran los seres de la naturaleza y nuestro cuerpo etéreo, que es aquel que usamos en los sueños y en nuestra "imaginación", del cual el físico es un reflejo. Mientras el plano físico es el inframundo (el mundo de abajo), porque ahí existe el sufrimiento, este plano es el equivalente al purgatorio del que habla la Iglesia católica. Cuando nuestro cuerpo físico deja de funcionar nos quedamos siendo sólo mente durante un breve *lapsus*, en el que elegimos después de un momento de reflexión si materializamos otra forma nuevamente, que es a lo que llaman reencarnación, o si pasamos a un plano más expandido, que es el siguiente.

El quinto plano de existencia es lo que llaman el

cielo, el paraíso o el nirvana. Es donde habita el Alma, donde nuestro Cuerpo Solar se encuentra en un trance proyectando esta realidad. Es en donde se dice que están aquellos seres a los que hemos llamado ángeles. Es también donde se encuentran los grandes Maestros de Sabiduría que hemos tenido. En ese plano hay comunidades enteras, es muy similar a lo que vivimos aquí en esta realidad, pero con la única y gran diferencia de que ahí no existe el juicio, aceptamos al ser de manera plena, por lo tanto, no tenemos limitaciones, podemos hacer lo que nos plazca y vivir el gozo que eso nos trae al expresarnos con libertad. Se dice que, para abrir los ojos en ese plano, requerimos alcanzar la Consciencia Solar, llegar a la vibración de nuestro Ser Superior, para de ese modo re-vivir en dicho plano de existencia.

El sexto es el plano del Espíritu. Es donde somos una consciencia individualizada de Dios. Algunos le llaman a este plano, el de los *registros akashicos*, que contienen toda la información de nuestras encarnaciones. La realidad es que es el Espíritu el que tiene esa información contenida dentro de la consciencia pura que somos y por lo mismo podemos extraer de él cualquier información que deseemos conocer sobre nosotros mismos y sobre la creación. Así mismo, en este plano es donde se encuentran todas las leyes que rigen el universo que habitamos, por eso se encuentran alrededor de los demás planos.

El séptimo es el plano de Dios, el plano de la consciencia pura y universal, del Amor Divino y la paz absoluta, de la energía del creador que contiene y emana todo lo demás que es. Como podemos ver en la imagen, Dios rodea toda su creación, conformando lo que es el universo dentro de sí mismo, en su propia consciencia. Pero como diría Hermes Trismegisto: "Como es arriba, es abajo, y como es abajo, es arriba", esto significa que la figura puede ser invertida, colocando a Dios en el centro, para convertir el resto de los planos de existencia en capas exteriores de sí mismo. ¿Te fijas como en el plano de las plantas hay una mayor densificación que en el humano? Ve cómo los troncos de los árboles llegan a ser más rígidos. A su vez, las piedras son mucho más densas que los troncos. Entre más capas alrededor de Dios, más "sólida" parece ser la realidad. Pero lo importante a notar aquí, es que Dios se encuentra en el centro de cada parte de la creación, incluidos nosotros mismos.

Como podrás ver, venimos a gozar, estamos aquí para realizar nuestros más profundos anhelos, que son la voz de Dios expresando Su Voluntad desde el interior. Por eso es tan importante conocer la magnitud de nuestro cuerpo espiritual y, sobre todo, entender que Dios forma parte de Él, y que al ser Dios el Amor mismo habitando en nosotros, todos contenemos ese gran Amor en el fondo, es más, estamos hechos de Él. Y es ese Amor al que requerimos aprender a escuchar, porque el Amor, al ser Dios, es un Espíritu viviente, no una emoción. Eso quiere decir que cuando estás cargado de amor, estás impregnado de Dios, y como Dios es Amor, Él desea tu felicidad, sólo quiere lo mejor para ti. Su amor es tan grande, que desea darte todo lo que seas capaz de imaginar, e incluso más que eso.

El problema es que prefieres pensar que sólo mereces desgracia, que Dios es como una especie de gran tirano del universo, porque claro, es mucho más cómodo hacerse la víctima que revelar al causante real, que somos nosotros. Duele tanto sabernos responsables de nuestras batallas, que buscamos alivio al señalar y culpar a Dios por ello, cuando la realidad es que tú eres tu único gran tirano, esa es la realidad y hay que afrontarla. Pero no te mortifiques, como dice Anthony Robbins: "El propósito del dolor es para movernos a la acción, no para hacernos sufrir", pues a Dios no lo complaces diciendo "no" a todo lo hermoso de la vida. El ser humano indudablemente está destinado a encontrarse con Dios, a alcanzar la Consciencia Divina, al darse cuenta de que no existe separación entre él y Dios, quien siempre ha estado adentro y no afuera.

Tú eres una de las formas de expresión que tiene Dios. Todos, sin excepción, somos Dios viviendo una experiencia a través de nosotros. Así es que, si no hay separación entre tú y Dios, ¡menos quiere tu sufrimiento!, ¿para qué querría él sufrir a través de ti?, ¿qué ganaría con ello? Al contrario, tus anhelos más profundos vienen de Dios. Eso que realmente deseas desde lo más profundo de tu Ser, es lo que Dios quiere realizar a través de ti en este mundo, pero sólo tendrás acceso a ello cuando aceptes esa verdad y entiendas que sí es posible para ti recibir grandes bendiciones. Tú puedes lograr todo lo que se te dé la gana, porque las ganas tuyas, son las de Dios.

Por favor, entiende de una vez que si realizas tus sueños, complaces a Dios, no al revés. El único que se limita, eres tú. Lo único suficientemente grande que puede frenarte para ir por lo que quieres, ¡eres tú! Porque Dios te dio libre albedrío. Tú tienes ese gran poder de elección, ya que la libertad es uno de los mayores frutos del Amor. Cuando se ama de verdad a alguien, se le acepta en su totalidad, con sus elecciones y su ser auténtico, se le da libertad. Y como Dios es el amor mismo, Él te da esa libertad, porque Dios no tiene esclavos, *robots*, ni títeres. Dios tiene hijos, y si una madre cree amar a sus hijos, imagínate Dios, que es el Amor puro. Por eso Dios susurra desde adentro, pero no obliga a Su Voluntad, somos libres de elegir si seguimos su voz desde el interior, o si la ignoramos. Por eso es que somos cien por ciento responsables de todo lo que sucede en nuestra vida. Date cuenta de que las cosas son más hermosas de lo que siempre has pensado que son, es sólo que habías elegido pensar de otra manera, porque toda la vida nos han preparado para el fracaso y el sufrimiento, nos enseñaron cómo afrontarlo, cómo lidiar con él y cómo prevenirlo, pero nunca a enfocarnos en el éxito y la dicha. Por eso creemos que a Dios le complacería vernos viviendo en la miseria, pero no es así. Yo sé que puedes incluso llegar a sentir culpa al desear, porque en tu mente humana cruza el pensamiento: "¿Cómo me voy a atrever a tenerlo todo, habiendo tantos sin nada?", pero ¿tú crees de verdad que ayudarías más siendo un pobre desgraciado del montón? ¡Sólo puedes ayudar a otros saliéndote de esa consciencia para convertirte en un faro que los demás puedan seguir hacia la misma dicha que has encontrado para ti!

Ah, pero llegamos a pensar incluso que quien vive bien, no debe tener las cuentas muy claras con Dios, que es corrupto, deshonesto, un criminal. Y por pensar de esta manera, al seguir nuestro ideal de moral desde nuestro juicio humano, no nos permitimos la mayor dicha, porque entonces faltaríamos a nuestros principios. Aunque es verdad que no toda "buena fortuna" viene del amor, en eso te doy la razón, por eso puedes pensar en personas que parecieran ser verdaderamente desalmadas, y que, a pesar de ello, les va muy bien. Esto es porque hay dos tipos de "fortuna", la que es fruto del Amor, de hacer el bien y la que es fruto de la violación del Amor, de hacer daño.

La primera podemos decir que es un salario justo, porque es plena, se adquirió de forma tal, que jamás temerás por perderla. Mientras la segunda es un acto de piratería que jamás queda impune, y es pirata porque no es real, no es plena, ¿tú de verdad crees que los criminales y los corruptos duermen tranquilos? Ellos saben en el fondo de su Ser que cada centavo obtenido indebidamente tendrá que ser pagado, tal vez no con dinero, pero terminará por ser cubierto, porque cada sufrimiento causado tiene que ser saldado de alguna forma. No porque Dios castigue, sino porque al ser nuestro padre, Dios nos corrige, endereza nuestro rumbo hacia el Amor. ¿Qué clase de padre sería si premiara a un hijo suyo por dañar a otros de sus hijos?

Por eso es muy importante saber diferenciar el anhelo del Ser, del deseo del Ego. El primero proviene del Amor puro que reina en nuestro interior y normalmente busca servir, gozar, disfrutar, expandirse, conectar y compartir. El segundo, por otro lado, se ve impulsado por el temor, actúa desde la carencia, trata de aparentar siempre que posee aquello que siente que le falta, construyendo una imagen de si mismo que no es real. Siempre que tengas un deseo, pregúntate, ¿es para mí o para que los demás vean algo en mí?, ¿lo busco porque quiero disfrutarlo o para demostrar algo?, si nadie sabe que lo tengo, ¿me importa? Si la respuesta es no, entonces viene de tu Ser. Si quieres viajar, si sueñas con una casa o un auto más lujoso porque quieres presumirlo con el mundo, viene de tu Ego, de tu carencia interior. Pero si no te importa que nadie se entere, porque lo único que quieres es gozar, entonces realízalo, goza en grande, porque eso es lo que Dios busca experimentar a través de ti.

El problema es que tu mente está acostumbrada a transitar caminos conocidos, y como todos viven en base al Ego, al temor y a la carencia, crees que eso es lo normal y ahí vas a seguirlos... Hasta un dicho se ha creado para ello: "Más vale malo conocido, que bueno por conocer". A esto se le llama "condicionamiento", y es lo que te impide ser tú, por tratar de pertenecer a un colectivo, que además está enfermo.

Y ¿qué crees?, tu sentido de la "realidad" es solo eso, un condicionamiento más, porque te identificas con tu cuerpo y con las etiquetas que conforman tu personalidad: nombre, profesión, nacionalidad, estado civil. ¿Te das cuenta de que ahí es donde se encuentra tu mayor limitación?

¡Eres un ser cósmico, grandioso y majestuoso, encasillado en una definición muy compacta! Entiende de una vez la magnitud de lo que eres, date permiso de vivir tu más grande ideal, recibe con plenitud lo que tu ser anhele, porque viene de Dios. Quien elige la miseria, es porque no ha querido escuchar el llamado y Voluntad de su Creador, porque se ha regido por el temor y se ha visto paralizado por ello. ¡Confía en tu padre, que es el Amor! Si ya construiste una carrera y toda una vida, pero en el fondo quieres algo diferente, siempre puedes elegirlo, a cada instante, rompe tu imagen, salte del montón. ¿Cómo puedes ser una luz para la humanidad, si te hundes dentro del largo océano de almas sin rumbo que deambulan por el mundo?

Así es que es momento de escuchar a tu ser interior, pero para ello requieres tener muy claro con quién estarás hablando, y la mejor forma de visualizar a la más alta expresión de ti mismo, es visualizando a tu "Yo ideal". ¿Cómo eres en tu versión más expandida? En esa que te has acercado más a la consciencia pura. ¿Cómo es tu Yo más elevado? Tu Yo de luz. Ya lo conoces, cada vez que te imaginas viviendo todo lo que anhelas, estás viendo esa gran posibilidad de ti mismo. El problema es que crees que vive sólo en tu "imaginación", pero te recuerdo que no puedes visualizar algo que no existe, que al "imaginar" estás accediendo a otra dimensión. Ese que visualizas, eres tú viviendo otra realidad, una que al igual que esta, es creación y una proyección simultánea de tu propia consciencia, por eso puedes tener acceso a ella y extraer información de ese otro punto focal de tu propio Espíritu. Así es que, crea un retrato escrito de tu Yo ideal, para que sepas con total claridad de qué versión tuya quieres obtener respuestas. Escribe cómo es tu rostro, tu cuerpo, tu vestimenta, tu personalidad, tu vida en general, y ya que lo tengas claro, dale un nombre que diferencie esa versión de esta actual. El que tú quieras, no hay nadie aquí más que tú y yo, por lo que no debes temer al juicio. Permítete ser creativo y completamente ilimitado.

Retrato escrito de mi Yo ideal

_____

_____

_____

_____

_____

_____

_____

_____

_____

_____

_____

_____

Una vez que lo hayas descrito con lujo de detalle, lleva a cabo una visualización sensorial. Requieres saber cómo se siente ser uno con esa versión de ti mismo. Cierra tus ojos y obsérvate de pie frente a ti, siendo ese gran Ser que acabas de describir. Ya que lo veas con claridad, fúndete con él, entra en él y comienza a visualizar un día normal en su existencia desde su interior, experiméntalo con todas tus facultades sensoriales, involucra tus cinco sentidos, tus emociones, así como pensamientos congruentes con ese Tú expandido. Asegúrate de que tu intención para crear esa realidad provenga del Amor más puro, no de la carencia ni del temor, que sea creado a través de anhelos puros de tu ser. Sabrás que es así, si esa versión tuya se expande al servir y sólo busca gozar, no presumir ni demostrar nada a otros. Una vez que te hagas uno con tu Yo ideal, agradece, porque si lo estás viviendo sensorialmente, significa que es enteramente real. Y cuando sepas reconocer bien lo que es estar adentro de ese tú, ya que hayas sentido esa energía, pon en práctica uno de los siguientes ejercicios:

1. En una hoja, escribe por un lado a esa versión tuya, hablándole en tercera persona. Salúdala llamándole por el nombre que le diste y pregúntale: "¿qué tengo que hacer para llegar a esa realidad, qué pasos debo seguir?" En ese momento, voltea la hoja, conecta con la energía de ese tú ideal fundiéndote con ella y permite que tu mano escriba sin pensar, no te detengas a analizar la respuesta, deja que el bolígrafo fluya. Si te llega a surgir el juicio de decir "yo lo estoy manipulando, soy yo quien está escribiendo", no te detengas, continúa escribiendo, ¡porque es obvio que eres tú quien

lo está haciendo! Pero desde una consciencia mucho más elevada. Te sorprenderá que incluso la letra con la que escribas será diferente. Permítete vivir esa magia para encontrar las respuestas y tu camino desde lo más puro de tu Ser.

2. Otra técnica que puedes usar, es la meditación. Saluda a tu Yo ideal mentalmente y hazle la misma pregunta que le harías por escrito. Después, sólo mantén la intención de permanecer en silencio por al menos cinco minutos, evita tener una conversación contigo mismo y si surgen pensamientos no los sigas. Contempla todo lo que pase en tu interior, la respuesta llegará a ti a través de ideas e imágenes fugaces. Sólo anota todo lo que hayas visto al abrir tus ojos para que puedas recordarlo. El tema con esta técnica es que por lo general requiere interpretación, pero si se te facilita, es una alternativa muy poderosa. Sólo asegúrate de estar relajado al meditar.

3. La tercera y última, es la conversación. Coloca una silla frente a otra, como si dos personas fueran a sentarse dándose la cara y enciende una grabadora de audio. Siéntate en una de las sillas y visualiza que tu Yo ideal está sentado en la otra frente a ti. Entonces, pregúntale lo que quieras saber. Después, levántate de tu silla y siéntate en la otra, experimentando cómo te fundes con la energía de tu versión más elevada, y en voz alta, permítete responder desde ahí, sin pensar, sólo sintiendo. Te sorprenderá lo que escucharás más adelante en la grabación.

Todas estas son técnicas de canalización, son aquellas que usan los *médiums* para bajar mensajes de otros planos de existencia. Si tú quieres, puedes usarlas también para comunicarte con seres queridos que ya no tienen cuerpo físico, con la consciencia de otras personas que aún están vivas, con animales, plantas, con seres de luz, con entidades como la del dinero, con Dios y todo lo que tú gustes dentro de su basta creación, o afuera de ella. Pero, sobre todo, para comunicarte contigo, con tu Ser superior, con otras versiones de ti mismo, para encontrar respuestas y cada vez más, una mayor claridad interior. Ten por seguro que si practicas de forma regular estos ejercicios con ese propósito, con el tiempo esa conexión se dará de manera natural y permanente, entonces habrás recordado cómo escuchar tu voz interior y desarrollarás con gran maestría aquello que llaman intuición.

CAPÍTULO 9
LA MAGIA BLANCA

Ahora sabes que "Yo creo mi realidad" tiene doble sentido, de "creer y "crear". También que la mente racional es muy útil en la vida práctica, pero limitante en la expansión de tu consciencia, porque, aunque hay cosas que el cerebro humano no es capaz de procesar, no significa que no sean de cierta manera. Ya sabes que, al escuchar verdades poderosas, se generan nuevas redes neuronales, porque nuestro sistema busca alcanzar el entendimiento que hemos adquirido en consciencia, para encontrar una forma de aterrizarlo y que pueda ser asimilado. Y justo ese es el propósito del tercer módulo, que da inicio con este capítulo. A partir de este momento, buscaremos desestabilizar tu mente lógica, por lo que deberás estar abierto a que tal vez todo lo que creías que era de cierta manera hasta el día de hoy, posiblemente no es así.

Sólo con esa receptividad podrás adquirir el conocimiento que se te entregará a continuación de forma descontaminada, limpio de juicios que te impidan generar una nueva noción capaz de llevarte a vivir una historia mucho más hermosa. Ahora deberás asegurarte de regresar constantemente a un estado de inocencia, que te permita maravillarte con lo que estarás leyendo, enfócate en el presente y ten la disposición de renunciar a todo lo que pensabas que era de cierta manera, incluso a lo que pensabas que eras tú mismo. Suelta tus conceptos y definiciones sobre tu supuesta realidad, para liberarte de tus propios condicionamientos y deja a un lado tus expectativas. En este punto, el pasado y el futuro no son importantes, sino lo que eres aquí y ahora, con todo el potencial de transformación que ello conlleva.

El objetivo de estos siguientes capítulos es el de desplazar tu punto focal de consciencia a uno más elevado, tal como veíamos en el abanico de posibilidades. Ahora podrás accesar a una vibración más próxima a la Divinidad, que es el Amor puro, si así te lo permites. Para ello deberás tener muy claro que tu imaginación es tan real como aquello a lo que llamas realidad, pues ese conocimiento se convertirá en tu herramienta más importante en el camino hacia la realización de todo lo que anhelas. Recuerda que tu imaginación es una ventana a otros universos o realidades, y que ahí se encuentra la base de la Magia, la cual opera principalmente desde el éter, que es el plano de la mente. También sé consciente de que, a mayor conocimiento, más te será exigido, por lo que sólo deberás pasar de este punto si estás dispuesto a actuar de manera honorable y amorosa en tu vida. De lo contrario, lo que vas a leer a continuación podría convertirte en un peligro para ti mismo.

Mientras no busques hacer daño de manera intencionada, todo estará bien. Tú, con todas tus imperfecciones humanas, puedes equivocarte cuantas veces sea necesario, pues siempre que aprendas de ello, será una oportunidad de crecimiento. Pero si dañas a otros sólo por el gusto de hacerlo, entonces te advierto que te harás más daño a ti mismo. Es como comparar a dos niños, uno de dos años y otro de cinco. Desde luego al mayor se le pide que siga ciertas normas de convivencia, teniendo consecuencias bien marcadas en caso de no cumplirlas, mientras al pequeño se le puede tratar de explicar, pero si no entiende, se sabe que es normal y por lo tanto sus repercusiones no serán tan rigurosas. Pasa lo mismo con este conocimiento, al adquirirlo serás como el niño más grande, tendrás un mayor entendimiento de cómo funciona el universo en el que habitas, el cual también tiene ciertos parámetros de comportamiento para hacer nuestra experiencia colectiva en él más agradable. Aquellos que no poseen este saber, si fallan a esas normas, no se encontrarán con las mismas consecuencias, puesto que no tienen la consciencia para comprender la repercusión de lo que han hecho. Esto puede sonar un poco injusto, pero no lo es, puesto que quien obtiene este saber abre la puerta a una mayor gama de elecciones que serán posibles para él, pues al poseer un mayor entendimiento de cómo opera lo que le rodea, tiene acceso a experiencias más elevadas, se le abren puertas y se le entrega un gran poder para mejorar su vida, debido a que el azar deja de formar parte de su vocabulario. Tú elige, tú y tu propia consciencia. Si tu decisión es continuar, empezaremos a hablar en este momento sobre Magia. Pero si tu intención fuera contraria al Amor, deja de leer aquí.

Para comprender mejor lo que sucederá a continuación, debes saber que las verdades son energía, igual que tú. Por eso al llegar a ti, mueven tu propia energía, haciéndote estremecer o sentir inspirado. Esta última, en realidad es una expansión de energía, la cual vivirás regularmente a partir de este punto, pues estas páginas siguientes tienen el fin de mover tu vibración al extremo del Amor más puro, y con lo que has leído hasta ahora, aunque no lo sepas, tu Ser interno ya cambió. Todos los capítulos anteriores fueron una preparación para lo que viene a partir de ahora en el libro. Si sintieras que estas verdades que se te mostrarán te rebasan, puedes abandonar la lectura en cualquier momento que lo desees, pues nada ni nadie te amarra a este conocimiento... todavía. Si en algún momento no experimentas una fuerte expansión al leerlas, significa que no estás listo aún para continuar más allá de ese punto. Sólo pausa la lectura y reanúdala cuando encuentres la fuerza expansiva de dicha enseñanza, así sabrás que estás listo para continuar. Sólo acepta que por encima del Amor no hay nada, eso te ayudará a confiar en las palabras que vienen para ti. Si reconoces al Amor como único Dios y señor dentro de ti, no tendrás nada que temer.

A continuación, se te entregarán siete verdades, que serán una mera preparación para tu consciencia, una introducción a la Magia y al conocimiento. No debes avanzar sin asimilar cada una de ellas de forma consecutiva, pues son necesarias para contar con los cimientos de la Magia Blanca, que son a su vez los fundamentos para operar el Arte de la Alquimia:

PRIMERA VERDAD:
Dios desea únicamente tu felicidad. Al estar dentro de ti, lo único que quiere es pasarla en grande. Eres tú quien se castiga y se limita, porque por alguna extraña razón, así has elegido aprender. Pero la buena noticia es que podemos cambiarlo, porque eso es lo que Dios desea para ti. Si aún hay sueños que te hacen sentir cómo se agranda tu pecho y que te alegran el corazón, quiere decir que Su Voz sigue resonando fuertemente desde tu interior. Eso que anhelas desde adentro, realmente es Dios hablándote, indicándote el camino y, por ende,

es un Mandato Divino. Y si Dios es Amor, no te va a encomendar una misión sin darte las herramientas que necesitas para realizarla. El problema es que tú prefieres enfocarte en los imposibles, porque crees que a Dios le gustaría verte sufrir. Por lo mismo, no te atreves a pedirle aquello que realmente deseas, y sin tu autorización, Él no te lo dará, pues Dios respeta tu libertad de elección. Es momento de dejar de pensar en Dios como una especie de gran tirano y entender que el único que no elige su propia felicidad, eres tú.

SEGUNDA VERDAD:
Dios es uno contigo, Él vive a través de ti y tus sueños en realidad, son los de Dios. Por eso, entiende de una buena vez que si realizas tus sueños, complaces a Dios. ¿Quién rayos te crees que eres para bloquear la Voluntad de tu Creador? Eso que tanto anhelas es lo que Él quiere realizar a través de ti. Deja de pensar que Dios está en el cielo o en el centro del Universo, Él es el centro de ti mismo, está adentro de ti. Tú estás conformado por una serie de capas exteriores a Dios. Él es la raíz de todos tus cuerpos y, por ende, es el origen de tus pensamientos, sentimientos, anhelos y deseos más hermosos. Cuando estás en Amor, estás viviendo plenamente su Presencia dentro de ti. La Consciencia Divina es saber que Dios siempre ha estado adentro de ti, que no existe separación entre tú y Él. Esto es lo que te permitirá operar la Magia Blanca de manera consciente, para hacer cuantos milagros desees, pues en la cuarta dimensión de consciencia, que es la del Amor, descubres que tú y todos aquellos que te rodean jamás han estado separados, pues al Dios estar en el centro de cada individuo, quiere decir que todos somos una

forma de manifestación o expresión del Gran Ser, que es Dios. La Magia Blanca es simplemente permitir que Dios se exprese con libertad a través de ti, es dejarlo actuar usándote como canal para iluminar al mundo. Claro, para ello primero requieres descondicionar tu mente para que se abra a la aceptación de estas nuevas verdades y que puedas ir forjando conscientemente tu destino, de acuerdo con tus anhelos y deseos más íntimos. Porque en tu interior, sabes realmente quién eres y hacia donde quieres ir, y que tienes la capacidad para lograr todo lo que desees. Cuando entres en comunión con esa parte interior tuya, serás un Mago. Recuerda siempre que puedes obtener todo lo que expanda tu vida y tu labor, que puedes lograr todo lo que te dé la gana, porque las ganas tuyas son las de Dios, y tus sueños, son Su Voluntad.

TERCERA VERDAD:
Como ya hemos mencionado anteriormente, la libertad es uno de los mayores frutos del Amor. Esto se ve muy claro en las relaciones humanas, cuando realmente amas a alguien le dejas en libertad, le permites ser quien es, e incluso si su felicidad depende de que le sueltes, lo harás si realmente le amas. Del mismo modo, al Dios ser Amor, Él te entrega libertad, es lo que se conoce como Libre Albedrío. Eso quiere decir que tú has creado toda tu vida, incluso lo que no te gusta, porque Dios jamás te obligará a Su Voluntad. Siempre te indicará el camino, pero nunca te forzará a seguirlo. No te sientas culpable si tu vida no es lo que te gustaría hasta el día de hoy, todo el caos que has creado ha sido para reencontrarte con el Amor, y por eso, hoy estás leyendo estas palabras, por fin lo has logrado.

Si tú lo eliges, no tendrás que volver a sufrir, sólo permite que estas verdades se asienten en tu consciencia. Si te fijas, tú ya eres un Mago, pues has creado toda tu realidad, incluso elegiste nacer donde tú quisiste, en el lugar del mundo, la época, a través de los padres que tú elegiste, y hasta la forma en la que llegaste a la vida, si fue en paz o con peligros alrededor, fue diseñada por ti mismo.

Toda tu vida ha sido fruto de tu propio poder creador, porque Dios ha operado siempre a través de ti mismo, te ha entregado todo su poder para que hagas con él lo que tú desees, y como Dios no te juzga, porque Él es Amor, si tú eliges usarlo para crear pura desgracia, Él no intervendrá en tus decisiones. Pero, ¿qué pasaría si a partir de ahora te permitieras crear sólo aquello que sí quieres?, ¿cómo? ¡*Pide y se te dará*! El verdadero Mago es Dios y Él opera desde tu interior.

Pídele con toda confianza lo que quieres, porque si lo anhelas, ¡viene de Dios! Deja de pensar que hay cosas imposibles, ¡si lo deseas es porque es posible! De lo contrario, Dios no habría sembrado esa semilla en tu corazón. Comienza a ser consciente de ti mismo, pues el mayor poder del Mago radica en su certeza, es a lo que los alquimistas llamaban el *oro inmaterial*. El tema es que existe una certeza consciente y otra inconsciente, que se revela a través de todos los pensamientos y palabras que parecieran traicionarte. Si te descubres teniendo conversaciones o produciendo imágenes en tu mente contrarias a lo que deseas, cámbialas inmediatamente. Basta con transformar lo que sale de tu boca, para que tu inconsciente comience a darse cuenta de qué es lo que quieres.

CUARTA VERDAD:

Si Dios está en ti, si hay un Mago Creador a tu disposición, y si tú has creado toda tu realidad, acepta esta nueva verdad: Tú eres el Dios de tu mundo personal. Ya sea que lo aceptes hoy, mañana o en otra vida, siempre lo has sido y siempre lo serás. Pero entre más pronto lo aceptes, más rápido alcanzarás tus sueños más profundos. Todo el tiempo estás creando, aunque no seas consciente de ello. Si tú quisieras, podrías elegir vivir otra historia, por eso la búsqueda de "culpables" no es más que un sueño muy profundo, una treta que se utiliza para no revelar al causante real, que eres tú. Todo está en tu mente, ahí radica todo tu poder. Si entiendes esto, podrás cambiar aquello que no te gusta. Todo es elección tuya y si te adueñas de tus decisiones, podrás cambiarlas si no te dieron el resultado que esperabas. Si cambias tu mente, podrás comenzar a elegir de manera consciente y transformarás tanto tu destino, como el del mundo en el que vives. No existe ninguna autoridad por encima de ti, porque Dios, que es la autoridad máxima, es quien te habla desde el corazón. Sólo enfócate en seguir la voz del Amor, no te dejes tentar por el el oponente, que es tu propio ego, tu mente humana y sus limitaciones.

Sólo obra de acuerdo al Amor, esa será tu brújula en la vida. De lo contrario, como el Amor reina en tu corazón, si haces daño tu mismo remordimiento te llevará a juzgarte y a castigarte, porque mal *Karma*, en realidad significa "elijo el sufrimiento", no existe tal cosa como un balance energético universal, sólo uno interno, pues tú eres el universo mismo. Esto significa que eres tú quien se auto-limita cuando siente que ha hecho algo malo. Tú eliges no vivir experiencias geniales dado que según tú no las mereces porque has hecho daño a otros. ¿Hasta cuándo vas a seguir creyendo que a Dios le complace verte sufriendo, clavado en tu propia cruz?, *Karma* y Pecado, son palabras que se usan para referirse a la culpa. Por eso sus efectos negativos durarán sólo hasta que ames más, sobre todo a ti mismo. El castigo se acabará cuando aprendas a perdonarte, a perdonar a otros y a no hacer daño, sólo de ese modo dejarás de sentir culpa y, por ende, dejarás de limitarte a ti mismo. Velo de esta manera, es como cuando le dices a un niño pequeño que no se acerque a la estufa porque puede quemarse y en cuanto te das la vuelta, pone su mano en el sartén. Al escuchar el grito de dolor, tendrás tres posibles reacciones disponibles:

1. Enojarte y gritarle por no obedecer.

2. Llenarte de culpa por voltearte y haber descuidado al niño.

3. Abordar la situación con compasión, sanando la herida del niño con delicadeza y amor, para preguntarle entonces: "¿qué aprendes?", así el niño podrá ser consciente de que él mismo se generó ese dolor y que en el futuro podrá evitarlo.

En este ejemplo, tú mismo eres el adulto y el niño. El primero eres tú desde una consciencia superior, mientras el segundo representa tu forma humana en su proceso de aprendizaje. Eres tú quien, ante tus errores, te enojas contigo mismo y te insultas, te llenas de culpa por haber visto dolor en otros por tus descuidos o quien elige tratarse con auto-compasión, poniendo tus manos en el corazón y preguntándote: ¿qué aprendo?, entiende que eres un ser de una luz inmensurable, habitando una forma humana, que es imperfecta y eso está bien, pues es la forma en la que has elegido volverte más sabio, para expandirte.

QUINTA VERDAD:

Si tú eres el Dios de tu mundo personal, entonces tú tienes el poder para determinar cual será la película que proyectarás, tú eliges la historia, porque eres tanto el guionista, como el actor principal de tu propia vida. ¿No te parecería que Dios sería bastante limitado si sólo fuera capaz de crear un solo argumento universal?

Lamentablemente así piensan las mentes de tercera dimensión de consciencia, desde su propia limitación ven a Dios igual de limitado, no son capaces de concebir el gran poder que tienen en sus manos, que es la libertad de elegir. La mente de cuarta dimensión es la que se abre a esta nueva noción, en la que nada está fijado de antemano, donde todas las posibilidades existen. Claro que tanta libertad puede llegar a abrumarnos, dado que estamos acostumbrados a que nos digan qué hacer todo el tiempo, eso nos hace sentir cómodos y seguros, porque si las cosas no salen como queremos, tenemos alguien a quien culpar y entonces el error no duele igual, pues descargamos nuestra frustración sobre un tercero. Pero esa comodidad nos priva de usar todo nuestro potencial, ya que es la libertad de elegir la que nos permite crear algo diferente si el resultado que obtuvimos con una elección anterior no nos gustó.

Sólo recuerda que la materia obedece a tu mente, y que un simple cambio de noción equivale a una elección, pues comenzará a influir en el campo unificado, el cual te presentará opciones distintas entre las cuales elegir, y esas mismas elecciones te traerán nuevas programaciones que te expandirán o te limitarán aún más. Por ejemplo, si algún día eliges dañar a otra vida deliberadamente, ahora ya sabes que tu propia culpa interior, por más que trates de negar su existencia, te llevará a privarte de recibir por no sentirte merecedor, debido a que "requieres balancear algo". Sin embargo, también sabes que si sirves y ayudas a otros, te sentirás tan bien contigo mismo, que estarás dispuesto a recibir todo lo que llegue a tus manos, puesto que no te sentirás en deuda con nadie, por el contrario, sentirás que está bien tomar, por todo lo que entregas.

Por eso, siempre que estés indeciso, pregúntate: "¿a través de qué camino puedo hacer un bien mayor?" puesto que cada elección que haces te mueve a diferentes universos, ya que no existe un solo planeta tierra, sino millares de ellos, cada uno con una energía distinta, entre las cuales siempre te estás desplazando. Por eso tus elecciones también pueden llevarte a toparte con diferentes escenarios globales. Por un camino nos enfrentamos a una guerra nuclear o a una pandemia, mientras por otro las naciones se unen y se encuentra una cura a una enfermedad que parecía no tener remedio. Esto sucede, porque según como hemos visto antes, de acuerdo a como vibramos, todo lo que nos rodea se armoniza con nosotros.

Lo que quiere decir que, las personas que nos rodean transformarán su energía al entrar en contacto con la nuestra, generando un efecto mariposa que terminará por transformar la energía de todo el mundo.

Recuerda que tus elecciones dependen de tu energía, si te sientes sin energía, te vuelves pesimista, entonces ves puro potencial caos y eliges en base a lo que hay, pero si te cargas de energía, te sientes optimista y ves puras posibilidades, dentro de las cuales eliges la que parece ser mejor para ti, y esas elecciones influyen en otros.

Todo depende de tu flujo vibratorio y tu energía depende de tu estado mental. Así es que empieza a voltear a ver al causante de todo lo que te rodea más seguido, pues es tu energía la que requiere cambiar para que el mundo en el que vives pueda ser transformado.

De acuerdo a esto, podemos deducir que, si "alguien te daña", en realidad tú tuviste que bajar tu vibración primero para toparte con la peor versión de esa persona, por lo que te habrás dañado a ti mismo a través de ella, probablemente porque cargas con alguna culpa que te llevó a querer "balancear las cosas", entonces buscaste alguien que te diera "tu merecido".

Pero si aprendes a perdonarte y mantienes tu energía en armonía, podrás evitar generarte ese tipo de situaciones. Si quieres saber bien cómo funciona la sincronicidad con otras personas, imagina que todo el universo funciona como una gran maquinaria de la cual cada uno somos un engrane. Cuando tú te mueves, los que te rodean se mueven junto contigo y de forma proporcional. Tienes dos lados hacia los cuales puedes girar, tú eliges hacia qué polaridad energética te quieres mover, sólo sé consciente de que lo verás reflejado en todo lo que te rodea, principalmente en las personas con las que interactúas a diario, y con el tiempo descubrirás que no tienen que ser necesariamente cercanas a ti para verse influenciadas por tu energía, dado que esto va más allá de la interacción física.

También los científicos, grandes empresarios y todos los líderes de tu mundo se verán afectados por tu cambio de frecuencia, debido a que tú eres uno con el universo. Esto quiere decir que eres absolutamente responsable por todo lo que ocurre en tu mundo, si hay guerra o hay paz, si hay salud o enfermedad, el caos se encuentra dentro de ti, no afuera. Si el presidente de tu nación va en contra de lo que quieres, tú fuiste quien se alineó con esa versión suya. Pero no cargues con culpa, no sabías que todo eso era una elección tuya hasta el día de hoy. Lo único que requieres hacer es cambiar tu interpretación y reajustar tu energía para que tu mundo entero comience a transformarse. Así de poderoso eres, quieras creerlo de una buena vez o no, ese poder siempre ha existido y seguirá existiendo adentro de ti.

SEXTA VERDAD:
El Universo es tan flexible o inflexible como tu mente, puesto que todo lo que ves es una proyección de tu consciencia. Por eso, puedes cambiar tu suerte en el instante que lo elijas.

Si eres una de esas personas que se la pasa correteando a la felicidad, como el coyote al correcaminos, debes saber que siempre ha estado a una elección de distancia. Yo sé, cuánto trabajo, dolor y recursos podría haberle ahorrado esto al pobre coyote, y también a ti. Tú podrías ser feliz en este instante si lo eligieras, el problema es que no has querido optar por la felicidad, porque en el fondo no crees merecerla. Haz hecho cosas tan atroces, según tú, que lo "correcto" para ti, es que siempre vivas consternado y preocupado.

Ese es el enemigo al que debes vencer, que antes de que empieces a buscar a quién señalar, aclaro que está adentro de ti, es tu propia mente, eres tú mismo quien se limita. Todos los obstáculos a tu felicidad están en tu cabeza. No necesitas que se cumplan tus anhelos para ser feliz, al contrario, tus anhelos se manifestarán cuando elijas ser feliz, puesto que la felicidad es el Amor en su más elevada vibración, y esa es la frecuencia en donde se encuentra todo lo maravilloso. Así es que comienza por transformar tu mente, elige sentirte feliz aquí y ahora. Si el tiempo no existe, ¿para qué esperar? si tienes certeza de que fue Dios quien puso en tu corazón tus más hermosos anhelos, entonces deberías estar feliz, porque Dios es Amor y Él buscará darte a manos llenas y de manera incondicional todo lo que tú estés dispuesto a recibir. Sólo debes dejar atrás los malos hábitos de tu mente y el resto será consecuencia. Deja de decirte todos los días que "no puedes", porque eso es lo que estás eligiendo para ti, mejor elige creer que "sí puedes" y bríndate la oportunidad de ser tan feliz como desees, porque si lo que anhelas viene del Amor, es posible, ya que es lo que Dios quiere para ti.

Sólo ten presente que Dios respeta tu libre albedrío y te entregará lo que le pidas, pues Él no juzga. Si prefieres ser azotado, allá tú y tus fetiches. Pero si eso no es lo que te gusta, que conste que puedes en todo momento elegir algo extraordinario. ¿Qué pasaría si te atrevieras a pedir por fin lo que sí quieres? Convéncete de que "sí puedes", porque tú eres el Dios de tu mundo personal, y para ti nada es imposible, ni te será negado.

SÉPTIMA VERDAD:
¿Te das cuenta de que al leer estas verdades se genera otro tipo de energía en ti?, ¿Sientes esa fuerza expansiva queriendo estallar desde tu interior? Eso significa que *la Alquimia de este conocimiento está surtiendo efecto y que una transformación comienza a tomar lugar.* Tu Mago Interior comienza a ser consciente del poder que posee, sin embargo, también es natural no poder quitar todos los bloqueos mentales al Mago Interior en unos pocos instantes. Es toda una vida, más que eso, es toda la información que has recibido durante centurias y milenios, traspasada a ti incluso en tu memoria celular. Siglos de "no se puede" contra unos pocos párrafos de conocimiento. Pero no te apures, porque para eso ha llegado este libro a tus manos, y

eso quiere decir que estás listo para despertar todo tu potencial.

Sólo acepta a Dios Amor desde el fondo de tu corazón y sentirás cómo su poder empezará a fluir adentro de ti, para verse reflejado en todo lo que te rodea. Opta por la Magia y se acabarán tus auto-limitaciones. Todo es cuestión de elección, basta con actuar como Dios Amor dentro de tu universo personal, para acabar con todo tu Karma y el del planeta entero. Si actúas como el Dios severo, reprendiéndote a ti mismo y a otros todo el tiempo, creando una vida dura y triste, ¿a quién vas a culpar? Pero ahora sabes que todo puede cambiar.

Estas verdades fueron una simple introducción al conocimiento, porque es indispensable que sepas que puedes elegir dejar de sufrir, siempre que aceptes el camino de la Magia, así como que Dios es Amor, que sólo quiere tu felicidad y que por ello todo es posible para ti. Si aún queda algo que te cueste asimilar, no te apures, está trabajando en tu subconsciente. Permítele asentarse y toma tu tiempo, pues no hay necesidad de devorar este saber, permítete disfrutar mientras cada capa se va develando. Una vez que hayas aceptado estas siete primeras verdades, puedes considerarte de manera formal un iniciado de los misterios. Significa que ya estás encaminado a elevar tu nivel de frecuencia mental.

Antes de pasar al siguiente capítulo, por favor asegúrate de tener a la mano una vestimenta totalmente blanca (incluida la ropa interior), de forrar este libro de blanco (el cual nunca deberás prestar a otros si quieres que resuene con tu energía), de tener una veladora blanca, cerillos para encenderla y alguna campanita o tapa para apagarla (puesto que no se le deberá soplar), una Biblia para que puedas corroborar que las citas que se mencionen aparecen allí, y elabora dos cintillos con cordón trenzado: uno amarillo (o dorado), y otro rojo, que tengan la longitud necesaria para amarrarlos alrededor de tu cintura. A partir del siguiente capítulo, lee con el cintillo amarillo puesto; ese color representa la sabiduría, la iluminación y el conocimiento. Te ayudará a incorporar mejor las enseñanzas que se te entregarán. Ese, es el cintillo del iniciado, el "rango" que has alcanzado hasta ahora en el camino de la magia.

Los demás materiales serán usados dentro de las siguientes enseñanzas, principalmente durante la realización de una ceremonia final que te acercará a una agrupación de la luz, que te brindará su guía y protección si llevas a cabo la práctica con devoción y seriedad. No permitas a tu ego llenarte de temor. Recuérdale a ese monito interior que este camino pertenece al Amor y permítete vivenciarlo desde la armonía. Y por favor, no cuentes a otros lo que estás haciendo, para que sus juicios no contaminen tu propia mente. Estás a un paso de acercarte a la realización de tus deseos más maravillosos, no te sabotees y permítete gozar lo que viene para ti.

CAPÍTULO 10
EL RETORNO DEL MAGO

En este punto ya sabes que este conocimiento pertenece a Dios Amor, que eres tú quien elijes el sufrimiento o la felicidad, puesto que eres el único responsable de toda tu vida. También que eres tú quien establece los límites de lo posible o imposible, que sólo tú puedes elegir la historia que quieres vivir, porque tú tienes el poder de definir la rigidez o la flexibilidad del universo al poseer libre albedrío, dado que la libertad es un precioso fruto del Amor.

Ahora recibirás siete enseñanzas de Magia Blanca, las cuales podrás leer de manera corrida, sin el requisito de tener que asimilar cada una antes de continuar a la siguiente, como en el capítulo anterior. Este saber que leerás a continuación reajustará en gran medida tu programación mental, por lo que puedes llegar a experimentar fuertes movimientos de energía e incluso cierta confusión, pero conforme pasen los días, se irá asentando en tu consciencia y sentirás que irá cobrando sentido.

PRIMERA ENSEÑANZA:

El primer mandamiento de la Magia podrás encontrarlo en Éxodo, capítulo 20, versículo 3: *"No adorarás dioses ajenos"*. Si gustas corróboralo en la Biblia que se te pidió anteriormente que tuvieras a la mano. Ese Dios que te exige fidelidad absoluta, es el Amor. Por ello, no deberás hacerte figuras, ya que en la Magia trabajamos con fuerzas universales. Tampoco deberás inclinarte ante ellas, ni rendirles culto, porque entonces olvidarás que el poder viene de tu interior. ¿Cuándo has leído que Jesús usara imágenes u objetos para realizar su Magia? Porque Jesús era Mago, estarás de acuerdo conmigo si observas todas sus proezas desde la perspectiva adecuada: la multiplicación de los panes, calmar la tormenta, sanar enfermos, resucitar muertos, hacer ver a los ciegos... ¿qué es la magia sino el poder de hacer milagros? De realizar cosas inexplicables para la mente ordinaria.

Por eso Jesús decía (Mateo 17:20): *"Les aseguro que, si tienen fe tan pequeña como un grano de mostaza, podrán decirle a la montaña: 'trasládate de aquí, allá' y se trasladará. Para ustedes nada será imposible"*. Todos los grandes Maestros enseñaban que, para llegar a Dios, debemos pasar necesariamente por la Magia, pues el Universo funciona para ti, de acuerdo a como tú pienses, porque Dios opera a través de ti a cada instante. Lo único que requieres hacer es liberarte de tus condicionamientos mentales. Ya lo estás logrando, no por nada has avanzado tanto en este libro y estoy seguro que lo que te ha llevado a alcanzar este punto es una fuerza expansiva que sientes en tu interior, la cual es la Voluntad de Dios guiándote desde adentro. A esa fuerza es a la que debes ser fiel con devoción y exclusividad.

Respetar el primer mandamiento es no permitir que otras fuerzas se adueñen de tu corazón. Una pequeña duda, un rencor, una mala sospecha y has violado el primer mandamiento. Has permitido que una fuerza inferior opaque a tu propia divinidad. Has permitido a un dios ajeno ponerse delante de tu Dios, que es el Amor. Si tú logras mantener siempre encendida esa llama interior, para ti no habrá nada imposible. Sólo te falta aceptar la verdad: sí tienes poderes mágicos. Sí puedes lograr lo que deseas. Una vez aceptes la verdad de que es muy fácil obtener lo que amas, porque cuentas con la fuerza del Amor para conseguirlo, permitirás fluir a tus fuerzas creadoras, pues el Amor es el Ser más poderoso del Universo y Él habita en ti.

SEGUNDA ENSEÑANZA:

"No adorarás Dioses ajenos" puede sonar un poco fuerte, como si estuviéramos recibiendo una orden. Pero si tú eres una expresión de Dios, ¿quién podría ordenarte algo? Entonces veámoslo como lo hacen los magos: *"No hay más Dios que yo"*. ¿Te da miedo leerlo de esta manera?, ¿te parece peligroso? Tienes razón. Es más peligroso que un mono en el trono del reino, si lo toma el simio, que es el Ego. Pero si dices *"No hay más Dios que yo"* dejando que sea tu Dios Interior quien lo exprese, ¿dónde está la mentira? Jesús afirmó: "Mi Padre y yo somos uno". "Tú la luz, tú la lámpara", enseñaba Siddharta Gautama. Viéndolo así, cambia ¿verdad? Incluso genera cierta electricidad en tu cuerpo, porque sientes cómo hace fluir en ti cierta energía. Quien quiera seguir el camino de la Magia, no debe temer a la libertad, y esta frase encierra todo el poder del Libre Albedrío, que es la libertad misma.

Todo está a tu disposición, porque absolutamente nada puede negársele a Dios, quien habita en ti. Si deseas algo y consideras que va acorde al Amor, realízalo y obtenlo, porque es un Mandato Divino. ¿Demasiada miseria en el mundo como para permitirse bienestar? La miseria del mundo no se solucionará si tú eliges transformarte en un pobre más. ¿No crees que podrías ayudar más a la humanidad si eligieras ser un rico con recursos? Si imitas a la mayoría no realizarás tus sueños, porque ese es un privilegio para quienes sienten que son "alguien muy especial". Todos los somos, pero pocos lo aceptan. Por eso, en cada persona ha puesto Dios una Joya. Si tú descubres la tuya, sería una bendición para tu vida y para la de los demás, porque Dios tiene algo que realizar a través de ti, y las realizaciones divinas siempre son un gran éxito.

Entrega tu luz al mundo y verás cómo Dios te entregará todo lo que necesites para llevar a cabo esa labor, pues ese siempre ha sido Su Plan Divino. ¿Qué quiere realizar Dios a través de ti? Busca en tus más hermosos sueños y lo encontrarás.

TERCERA ENSEÑANZA:

Vamos a pasar a un terreno más práctico. Toma una hoja en blanco y escribe en ella siete deseos que emanen de tu corazón, siete grandes anhelos. Y no te detengas a pensar si son fáciles o difíciles de alcanzar, escríbelos, aunque no sepas cómo los vas a realizar. Sé preciso, escribe cómo es el lugar donde quieres vivir, a qué te quieres dedicar, cómo es tu casa ideal, de qué forma contribuirás a la humanidad, qué compañía te gustaría tener. Pide sin temor lo que quieras para ti, recuerda que Dios es Amor y Él sólo quiere lo mejor para ti, te desea que encuentres la felicidad más inmensa. Así es que asegúrate de escribirlos sintiendo una gran gratitud, porque si lo anhelas es una sugerencia de

Dios para ti. Lo único que requieres hacer es aceptar recibirlos. Recuerda que si puedes verlos es porque ya existen. Una vez que los hayas escrito, pínchate un dedo y firma la hoja con tu sangre, así establecerás un pacto de sangre entre tú y tus objetivos. Es indispensable que nadie sepa lo que haces y que ocultes el papel para protegerlo de miradas ajenas, no permitas que dioses ajenos perturben tu avance y mantén que la energía que te producen tus anhelos viva en tu corazón.

CUARTA ENSEÑANZA:

Notarás cómo tu vida irá cambiando conforme practiques la Magia Blanca, eso te indicará que vas avanzando. Tal vez ocurra que, con la misma cantidad de dinero vivas más desahogado, que gastes más y vivas mejor sin saber cómo es posible. Un viejo achaque tal vez comience a retroceder hasta olvidarte de él. Regresan buenos amigos o llegan nuevos que aportan más a tu vida y a tu energía. Llegan a ti ideas de cómo avanzar más. Se abren puertas a posibilidades sorprendentes. Surgen oportunidades de ascenso o el negocio mejora. Comienzas a dormir más tranquilo, porque incluso la situación mundial pinta mejor.

Aceptar en forma rotunda la multiplicidad de planos de existencia es la base de la Magia, porque de esa manera llegará a tu entendimiento que el Universo que te muestro es una elección que te estoy proponiendo aceptar. Si te viste viviendo todas esas posibilidades, significa que ya existen, para llegar a ellas sólo requieres elegir otra forma de pensar, porque ya sabes que los pensamientos llevan la energía creadora de Dios. Por eso, la realidad que aceptas la creas con tu aceptación. Tú sabes construir músculos y huesos, sabes desdoblar el azúcar, rechazar una infección, hacer latir tu corazón, incluso fabricar tu corazón, tus ojos y tu cerebro. Tu cuerpo es una creación tuya, el conocimiento para crearlo estaba en ti, venía en tus genes. Y así como realizas todas esas maravillas como construirte células y sangre, sin saber cómo lo haces, del mismo modo creas hasta los más mínimos detalles de tu mundo personal. Tómalo como un juego si quieres, pero siempre como un hermoso juego en el cual crees de verdad.

Los hindúes incluso inventaron una palabra para ello, como respuesta al sentido de la Creación Universal: *Lilah*, que significa juego, el juego de la consciencia, el juego de Dios, ¡tu juego! Eres libre de jugar, elegir o crear lo que quieras, porque eres Dios en acción. Lo que tú aceptas se transforma en tu mundo personal, pues los sucesos externos en realidad son un reflejo de tu interior. Así es que juega a que tienes tu propio planeta, en donde vives una hermosa historia, en la cual no eres esclavo del destino, sino el Dios de tu mundo personal. Tu destino cambiará, si tú te transformas interiormente.

QUINTA ENSEÑANZA:

Conforme vayas elevando tu nivel de consciencia, comenzarás a tener un contacto directo con otros planos de existencia, e incluso llegará un punto en el que podrás desplazarte entre ellos con total libertad. Digamos que todos los planos son equivalentes a diferentes grados escolares, dentro de los cuales vas pasando cada vez a un nivel superior según tu progreso. Sin embargo, siempre existirán niños en jardín de infancia, otros en tercero y otros en quinto.

Aunque tú avances en tu propio camino, siempre existirán corazones duros en algún lugar del universo y los animales se seguirán comiendo unos a otros en ciertos "planetas", la diferencia será que tú ya no los verás, porque te encontrarás en un mundo en el que toda la vida practicará el Amor Universal. El ascenso de algunos de estos grados se experimenta dentro de la experiencia de vida humana. Cuando tu mente llegue al entendimiento de que no hay una sola realidad y de que puedes elegir tu historia, será un indicador de que has avanzado en la escuela evolutiva del universo.

Después te será muy familiar el hecho de que el tiempo no tiene realidad absoluta, entenderás que el pasado y el futuro están aquí mismo, que un instante jamás desaparece. Cada vez que tienes un recuerdo o visualizas un anhelo a futuro, sólo estás accediendo a momentos que ya están plasmados en el universo. Eso significa que incluso los dinosaurios están comiéndose a los pterodáctilos en alguna otra dimensión, aquí y ahora, pero tú ya no los ves. El mundo tal como lo conoces ahora, no desaparecerá. Pero tú podrás desplazarte a otras realidades, al refinar tu consciencia.

Llegará un punto en el que ya no verás más miserias y significará que habrás entrado a otra dimensión, pues ese mundo ya existe, sólo que aún no puedes verlo, porque no existe un solo planeta tierra, sino millones de ellos. Tú eliges en cuál quieres vivir, acorde a lo que seas capaz de aceptar, pues cada quien vive en el mundo que es capaz de imaginar. Tú forjas tu destino, de acuerdo a los actos que eliges. No sólo el personal, sino el destino del mundo completo también.

Algunos viven en un mundo que está por ser destruido y otros en uno en el que reina la dicha. Tú eliges las fuerzas con las que juegas para crear tu realidad. Hay todo un repertorio de películas que se te ofrecen, y todas son válidas, porque son fuerzas entre las cuales puedes elegir para estructurar tu mundo y tu Universo personal.

Incluso puedes optar por no morir jamás, y no hablo de vida después de la muerte, me refiero incluso a tu cuerpo material. Tú puedes elegir seriamente encontrar el camino de la inmortalidad, como otros lo hicieron antes. Siempre que aceptes esa consciencia y confíes en el Amor. Cuando eleves tu frecuencia vibratoria revelarás cosas maravillosas para ti, pues todo está empalmado en una misma esfera, solamente vamos accediendo a diferentes posibilidades que se hacen visibles para nosotros conforme nuestra consciencia nos lleva a asimilar otros tipos de luz.

Del mismo modo, dejamos de ver algunas cosas. Por eso, al elevar tu consciencia y por ende tu frecuencia vibratoria, tu cuerpo también se ve diferente, hasta puedes llegar a olvidarte de su deterioro físico. Y ese es sólo el principio del camino a la inmortalidad, porque existe la Consciencia Solar, que es el máximo estado de ser que un humano puede alcanzar y que es lo que brinda la vida eterna, haciéndote incluso inmune a potenciales daños o accidentes. ¿Por qué crees tú que Jesús se levantó después de la crucifixión? Para él fue un juego de su consciencia. Es por ello que los grandes Maestros de la humanidad se han hecho presentes en diferentes épocas con la misma apariencia, si no me crees sólo investiga sobre el Conde de Saint Germain.

Pero no tienes que esperar a ser todo un iluminado para alcanzar la inmortalidad física, si es que la deseas. Basta con que estudies sobre los avances que se tienen en *Silicon Valley* sobre la regeneración celular, acércate a explorar lo que están haciendo en la *Singularity University de California*, y fíjate cómo leer este libro ya te está encaminando a posibilidades sorprendentes. Es más, tal vez lo lees en una época en la que eso ya es una realidad, y eso no será casualidad. Tu consciencia tuvo que estar en el punto correcto para que ese avance científico y el encuentro con este libro fueran posibles en tu Universo Personal. Así es que atrévete a jugar una maravillosa historia, pues todo es posible para ti.

SEXTA ENSEÑANZA:

Conforme vas aceptando lo que lees, aunque no te des cuenta, comienzas a recibir nuevas energías. Cada aceptación de nuevas verdades resquebraja los muros del "imposible". No se requieren llevar a cabo elaborados rituales de magia, basta con ordenarle al plomo que se convierta en oro, pero sin los muros del "no se puede" en la mente, y te obedecerá. Sin embargo, los alquimistas decían que, para crear oro, requieres comenzar por producir oro inmaterial: *certeza*. Cuando dejen de existir dudas dentro de ti, te obedecerá la materia, tus células, el viento e incluso las personas.

La certeza nace de la fidelidad al Amor y de la fe en Dios, al entender que opera en todo momento a través de ti, porque tú eres una de sus formas de expresión. Así es que ahora el primer mandamiento cambiará un poco para ti. Repite en voz alta de forma consciente: *"Yo Soy el Amor"*. ¿Sientes su vibración recorrer todo tu cuerpo y remecer todo tu ser cuando pronuncias estas palabras? Mientras sea ese Amor el que se exprese a través de ti, podrás estar seguro de que es Dios quien obra desde adentro, porque tu Padre y tú son uno. Eso significa que todo el conocimiento está adentro de ti y esa es la razón por la cual todo esto te suena familiar, pues no estás aprendiendo nada nuevo, sólo estás recordando, porque tú elegiste que era el momento para hacerlo.

Seguro te has de estar preguntando, ¿por qué elegiste olvidar para luego recordar? *Lilah*, quisiste jugar, conocer la noche para valorar tu luz y regocijarte un día con el reencuentro. Tú eres el Amor y no es metáfora, el poder del Universo opera a través de ti, recuérdalo. Sin ti no existiría nada, pero es imposible que tú no existieras, porque tú eres el Amor mismo, por ti existen las galaxias, el mar y los bosques. Todo lo que te rodea es tu creación, porque tú eres el Amor Universal. Es por ello que la capacidad de crear, la de hacer milagros y de manifestar tus más grandes sueños, existe adentro de ti. Para usar todo ese poder que contienes en tu interior, basta con reconocer al Amor como la fuerza suprema dentro de ti.

SÉPTIMA ENSEÑANZA:

Todo lo que observas a tu alrededor, todo lo que ocurre en tu vida, es una proyección de tu mundo interior. Por eso, tu vida y tu mundo son una elección tuya. Pero no te sientas mal, aún no recordabas todo esto y por eso has creado a ciegas, pero la buena noticia es que todo puede cambiar en cuanto tú lo elijas. Mientras tengas sueños y anhelos íntimos, quiere decir que la fuerza de Dios sigue latente dentro de ti, guiándote en todo momento para que encuentres la felicidad que Él quiere crear para ti. Sin embargo, requerimos terminar de tumbar los muros de tu mente y de retirar a todos aquellos dioses ajenos que se han puesto entre tú y tus objetivos.

Es momento de conectar con tu Consciencia Divina, porque es la única forma posible de operar la Magia. Así es que el primer mandamiento tendrá una última transformación. Tal como lo expresa Jesús (Juan 10:34): *"Dioses sois"*. Que en singular queda todavía mejor: ***"Eres Dios"***. Mientras esa consciencia no se asiente en tu mente, el poder de tu Magia se verá limitado, porque la Magia es para los Dioses, para Dios, que eres tú. Por esa aceptación comienza la verdadera Magia Operativa.

Yo sé que, debido a las doctrinas religiosas, hemos aceptado que dioses ajenos como el miedo se pongan entre nosotros y esta verdad. Hemos confundido el respeto con temor. Pero, ¿por qué Dios Amor querría que le temieras? Al contrario, Él desea entregártelo todo, incluso su poder absoluto, porque Él es el Amor y tú estás hecho a su imagen y semejanza. No permitas que la interpretación de los hombres, a través de sus temores, te apaguen esa fuerza interior. La verdadera fe reside en confiar plenamente en el Amor de Dios. ¿Tú no darías a tus hijos todo aquello de lo que dispones e incluso buscarías darles siempre más? Si eso viene de tu amor como padre o madre, ahora imagínate qué querría Dios para ti, si Él es el Amor más puro. Cuando logres afirmar esta consciencia, comenzarás a desarrollar el oro inmaterial, la certeza del poder que reside adentro de ti, y entonces harás milagros.

Siempre que operes desde tu núcleo, que es el Amor, tus proezas serán extraordinarias. Sólo contempla tu mente, que es el centro de control de tu poder. Mantén la máxima pulcritud en ella, para que sólo generes aquello que sí quieres. Porque, aunque no te des cuenta, y aún si esta verdad te causó impacto, tus poderes comienzan a activarse, ya que tu mente superior está empezando a despertar. Es tu mente racional la que aún no quiere asimilarlo, porque teme al castigo de irrespetar a Dios. Pero ¿cuál castigo, si Dios es Amor? Temes a tu propio castigo, *tú eres tu único gran tirano.*

Cuando yo alcancé este entendimiento corrí a contárselo a mi hermana, en cuanto mis labios pronunciaron las palabras *"Soy Dios"*, casi me vi latigueado y crucificado por ella. Hasta que cambie la frase y le dije: "no me mal entiendas, todos somos Dios, no digo que yo sea el único Dios encarnado". Entonces su expresión cambió y me dijo: "Ah, así sí lo puedo entender. Lo hubieras dicho así desde un inicio". A nadie le gusta que nos atribuyamos poderes que nos hagan ver superior a ellos, pero tienen toda la razón, no lo somos. Por eso la humildad juega un papel muy importante en este camino. Debemos entender que absolutamente todos somos un canal de expresión de Dios, no hay nadie por encima, ni nadie abajo, todos poseemos la misma divinidad interior y el mismo poder. Claro que si el Ego toma este conocimiento sería catastrófico, por eso sólo es para aquellos que le son fieles al Amor. Este saber debe usarse principalmente para servir a otros, cuando entiendas que todos somos Dios, en el fondo esto cobrará un inmenso sentido para ti y querrás ir a despertar cuantas consciencias te sea posible.

Te voy a contar una experiencia personal, para ejemplificar esta parte de la humildad.

Hasta el momento en el que plasmo estas palabras en las páginas que lees, he vivido dos experiencias muy reveladoras en la ducha. En una de ellas vi mi futuro y después viví en retrospectiva, como si rebobinara una película, todo lo que hice para llegar ahí, hasta el momento presente, dándome una guía de qué pasos seguir. Pero en otra ocasión, mientras me duchaba, me quejé con Dios. Le dije: "¿Por qué no soy importante para ti?, no entiendo por qué hay personas con dones de sanación, de lenguas, bilocación, entre otros, y a mí no me diste ninguno. ¿Acaso soy un hijo más del montón y no soy nada especial?"

Esa fue la primera vez que escuché la respuesta de Dios, tan clara como el agua que caía sobre mi cabeza, dentro de la cual retumbó una voz que dijo: "¿te parece poco el don de la palabra?". En ese momento, confieso que me asusté y me temblaron las piernas, pero en cuanto escuché las siguientes palabras, se me doblaron y caí de rodillas. Esa misma voz me dijo: "Eres un Profeta". Yo no podía creer lo que estaba escuchando, hasta me dije a mí mismo que era mi imaginación, así es que respondí: "No es verdad, los profetas sanan a otros". En un instante, viví cómo la inspiración divina era implantada en mi mente, ya que vi claramente cómo sanar a otros con mis palabras. Las lágrimas rodaron por mis mejillas, mientras me decía que nunca le contaría esto a nadie para que no se me subiera a la cabeza, y para comprobar que había sido algo real, me dispuse a poner en práctica el método para sanar que había llegado a mí, el cual llevé a la práctica con veinte personas que padecían de algún dolor físico o enfermedad, y todas ellas sanaron en cuestión de segundos.

Cuando corroboré que efectivamente funcionaba, corrí a hablar con uno de mis más grandes maestros, a quien le platiqué mi experiencia. En cuanto terminé, me vio con ojos de amor y me dijo: "Todos somos profetas, es parte del camino evolutivo. Todos requerimos pasar por ahí, el tema es que no todos quieren elegirlo y les toma vidas hacerlo". Sus palabras me sorprendieron. Hasta ese momento había sentido una fuerza muy grande que se había encendido en mi pecho, como una hoguera que ardía por ayudar a la humanidad, pero también sentía una gran responsabilidad. Para ser sincero, cuando escuché "todos lo somos", me quité un gran peso de los hombros, pero elegí mantener ese fuego interior encendido y mi propósito de servir a toda la humanidad activo.

Sin embargo, una duda picó mi curiosidad, ¿qué significaba el ser un profeta? Porque al escuchar esa palabra yo pensaba en un mesías. Para mi sorpresa, estaba confundiendo los términos. El Mesías es el ungido de Dios, el Cristo, quien viene a salvar a toda la humanidad, lo cual después comprendí que si lo elegimos también podemos serlo. Sin embargo, el Profeta es simplemente una persona que comunica la palabra de Dios, y eso definitivamente es algo que sí coincide con el poder de palabra que poseo. En ese momento mi Ego se apartó y pude compartir mi experiencia con otros sin temor a que se me subiera a la cabeza, sino todo lo contrario, ahora les digo con una gran alegría que Dios actúa a través de todos nosotros, por eso trajimos ciertas Joyas para reflejar su luz en el mundo.

Cuando Jesús dijo ser uno con Dios, se interpretó que estaba diciendo que sólo él lo era, pero si analizas las escrituras podrás darte cuenta de que en realidad nunca dijo tal cosa, él se llamaba a sí mismo el primogénito de Dios, haciendo referencia a que era nuestro hermano mayor, una de las consciencias primarias desde las que brotó la vida de todos los que habitamos el planeta, pero ¡todos somos hijos de Dios, al igual que Jesús!

Así que cuida mucho a partir de ahora tus pensamientos, acciones, sentimientos y palabras, pues después de lo que acabas de leer, estarán revestidas de un poder mágico. Ahora, según como lo utilices, inmediatamente recibirás la reacción, por lo que es aconsejable que seas fiel al Amor, ya que ahora tienes una mayor capacidad para crearte lo que piensas o para creárselo a otros.

Por favor, vigila muy bien tu corazón cuando trates con los demás, que tus palabras sean sólo una bendición para ellos y que tus actos sean siempre nobles. Inunda a otros de luz en tus pensamientos, ora por ellos, ayúdalos en sus problemas y, sobre todo, se honesto con ellos. Esto te servirá también a ti, pues mantendrás tu mente libre de limitaciones, de culpas que te frenen para crear lo que realmente deseas desde el Amor. Si estás dispuesto a purificar tu corazón, a perdonar y a ser bondadoso, entonces la magia comenzará a verse reflejada en tu vida a partir de este momento, por lo que es indispensable que sepas cómo operarla a consciencia...

CAPÍTULO 11
LA MAGIA OPERATIVA

Vamos a enseñanzas de un nivel más avanzado, porque en este capítulo exploraremos cómo funciona la Magia Práctica. Así es que acostúmbrate a hablar de vibraciones y energías, porque todo es energía y por lo mismo todo irradia una fuerza, desde una figura hasta un árbol, desde un ser humano hasta una estrella. Incluso los pensamientos, las creencias, los deseos y la duda son energía. Toma consciencia de ello, porque todos esos tipos de energía son irradiados hacia tu persona. La sensación que te provocan es el tipo de energía que te están transmitiendo. Por eso, requieres empezar a seleccionar intencionadamente los tipos de energía que te ayudarán a cumplir los anhelos de tu corazón, que son la Voluntad Divina.

Tú tienes el poder de elegir siempre qué dejas entrar al juego de tu vida, así es que escoge cuidadosamente tus colores apropiados, tu ambiente, tu ropa, tus aromas, tus amistades, tus libros, tus alimentos, tus guías e incluso tus propias creencias y deseos, porque como mencionamos, también son energía. Elige todo aquello que incremente tu poder mágico, todo aquello que resuene con la luz y el Amor. Sabrás que es así porque lo percibirás como algo ligero y expansivo, algo que te traerá gozo o que te parecerá divertido. Las energías representan diferentes estados de consciencia, por lo que deberás estar atento de ti mismo, dado que tú eres tanto receptor como emisor de los distintos tipos de energía que existen.

Seguro alguna vez has escuchado que parte de la magia tiene que ver con la invocación de espíritus o entidades que te ayuden para cumplir tus objetivos, y eso no es diferente en la Magia Blanca. Tú puedes invocar fuerzas y consciencias de otros planos para asistirte, pero primero debes comenzar por perderles el miedo. Prácticamente todo ha sido creado con la luz y el Amor de Dios, no hay nada maligno allá afuera queriendo hacerte daño, más allá del que tú mismo puedes hacerte, pues sólo existen cinco tipos de entidades etéreas:

1. **Almas Perdidas:** los famosos espectros o fantasmas de los que has escuchado o visto en las películas, que no son un mito, existen, pero no como en la fantasía del cine. Las almas perdidas son en realidad seres humanos como tú o yo, que perdieron su cuerpo de un modo tan abrupto que no se dieron cuenta de su transición al plano etéreo, quedándose atorados en lo que se conoce como el limbo, un mundo que se encuentra entre el tercer y el cuarto plano de existencia. Imagina que esto te sucediera a ti, tú seguirías viendo a las personas con las que convivías aquí, pero repentinamente nadie te ve ni te escucha, ¿te imaginas la angustia que deben sentir? Si llegan incluso a lograr mover objetos, que es a lo que llaman el efecto *poltergeist*, no es más que para llamar tu atención, no es con el fin de asustarte o hacerte daño. Entre mayor sea

tu consciencia, ellos te percibirán como un faro de luz que pueda comprenderlos desde el amor para ayudarles a salir de ese limbo. A mí ya me han buscado almas, y la experiencia es muy diferente una vez que tienes consciencia de qué está sucediendo. Con decirte que incluso llegaron a tocarme una pierna para que pusiera atención y que viví sucesos que parecían sacados de una película de terror, pero no sentí miedo, pues sabía que había una persona buscando ayuda desesperadamente. En esos casos sólo explícale que perdió su cuerpo físico, que por eso no lo ves o escuchas, y dile que si requiere decirte algo pida permiso de hacerlo a través de un sueño, y que al día siguiente le ayudarás a cruzar el umbral hacia el cuarto plano de existencia. Así te llegue un mensaje durante tus sueños o no, cuando te levantes hazle saber que lo recibiste o dile que entiendes que lo que quiere es simplemente cruzar, dado que no se comunicó contigo. Entonces visualiza un tubo de luz blanca formándose a un lado tuyo e indícale que entre en él para ascender al cuarto plano de existencia y visualiza cómo entra, subiendo hacia la luz.

2. **Seres Elementales:** así es, los espíritus de la naturaleza no son producto de la fantasía. Existen, aunque no como los vemos en las películas. Se dice que según como nosotros podamos entender su forma, es como se manifiestan frente a nosotros, pero ellos tienen cuerpos de luz. Como rigen los cuatro elementos, en la historia les han puesto distintos nombres para identificarlos: están las *Salamandras* (fuego), *Ondinas* (agua), los *Silfos* (aire) y los *Elfos* (tierra). A todos estos espíritus

se les puede invocar para que te asistan involucrando su tipo de energía en alguna circunstancia. Por ejemplo, si quieres que algo fluya o si deseas soltar el control, invoca a los *Silfos*. Si quieres tocar vidas o entrar en servicio genuino, invoca a las *Ondinas*. Si quieres expandirte o llenarte de pasión y determinación, invoca a las *Salamandras*. Y si quieres que las cosas se estabilicen o cargarte de poder y vitalidad, llama a los *Elfos*. Cada uno de ellos aportará sus energías para asistirte. Yo en lo personal practico rituales con los cuatro elementos para conectar con estas maravillosas consciencias y pedir su asistencia. Sin embargo, debes saber que estos seres son muy alegres y juguetones, por lo que a veces pueden esconder cosas o mover objetos para llamar tu atención, y no necesariamente estarás frente a un *poltergeist*. Sólo diles que te incomoda y se detendrán, ellos son seres del reino del Amor y sólo están buscando jugar.

3. **Seres de Luz:** aquellos que en las religiones son llamados ángeles, arcángeles, serafines, querubines, elohims o incluso dioses en las mitologías antiguas. Estos son seres que están más allá de nuestro entendimiento, son fuerzas o consciencias universales que han pasado la barrera de la vida humana y que ahora habitan en el quinto plano de existencia, mientras los elementales habitan en el cuarto. Estos seres son aquellos que han alcanzado lo que se conoce en la Magia como la *Consciencia Solar*, con lo que han desarrollado la sabiduría para crearse un Cuerpo Solar que les permitiera sobrevivir a la segunda muerte y de ese modo alcanzaron la inmortalidad, naciendo a

un nuevo proceso evolutivo que va más allá de lo que los humanos podemos alcanzar siquiera a imaginar. Todos pasamos por dos muertes, la primera es la de nuestro cuerpo físico y la segunda es la de nuestra mente. No del cerebro, sino de la mente del Alma. Cuando el cuerpo físico se desactiva, nosotros permanecemos un tiempo en el éter, con un cuerpo sutil. Si aún no alcanzamos la sabiduría para crearnos un Cuerpo Solar, no podremos continuar hacia el quinto plano de existencia y, por ende, tendremos que volver al tercer plano, pasando por la segunda muerte, que es la del cuerpo sutil, dando pie a lo que conocemos como re-encarnación. Estos seres son conscientes de nuestra existencia, pues los planos superiores pueden interactuar con los inferiores, tal como tú lo haces con las plantas y el reino mineral. Pero, así como estos últimos no comprenden tu existencia y te sienten a ti como una especie de Dios, del mismo modo nos pasa a nosotros con los seres del quinto plano y por eso no alcanzamos a percibir su existencia físicamente. Pero ellos son reales, y están dispuestos a asistirte, así como tú lo haces al regar una planta. Puedes invocarlos en todo momento, si practicas alguna religión seguramente ya lo haces. Cada vez que le rezas a un santo, ¿qué creías tú que estabas practicando, sino magia? Las religiones están llenas de rituales mágicos.

4. *Arcontes:* seres que también son llamados de bajo astral, los únicos que pueden ser considerados como "malignos". Lo pongo entre comillas porque realmente no lo son. Estos seres son creación nuestra, surgen de nuestros miedos.

Cuando tú tienes un temor muy grande, este comienza a acumularse hasta formar una bola de materia oscura o antimateria que brota de tu cuerpo hasta dar vida a una entidad independiente que se desprende de ti. Ese ser, que es a lo que le llaman *monstruos*, se alimenta de tu miedo, ya que fue la raíz de su creación. No lo hace por maldad, sino porque es el único medio que tiene para sobrevivir, y por lo tanto te seguirá asechando para alimentarse y mantenerse con vida. En la Magia, cuando el temor a algo específico se vuelve colectivo, se dice que se crea un monstruo enorme al que ya no se le llama arconte, sino *egregor*, el cual es mucho más difícil de erradicar, dado que su fuente de alimento puede ser encontrada en una gran masa de individuos. Esta fue el arma principal de los hechiceros oscuros en la antigüedad, ellos iban sembrando semillas, rumores que causaban grandes temores, para dar vida a enromes monstruos que después enviaban a atacar a reyes para debilitar sus mentes y encontrarlos vulnerables ante el ataque del reino al que estos hechiceros servían. ¿Cómo liberarte de ellos? Es simple y complejo a su vez, pues la solución es dejar de temerles, literalmente es atravesar el miedo, para que les cortes la fuente de alimento y no puedan seguir existiendo. Por supuesto que si hablamos de un *egregor* es más laborioso, ya que requieres convencer a todo un colectivo de atravesar el temor que están experimentando, pero sí se puede. Ahora que, si te es muy difícil dejar de temerle a algo, puedes pedir asistencia al Arcángel Miguel para que corte tu vínculo con un arconte, usando su espada de fuego azul, y lo lleve al sol para ser purificado y transmutado en un ser de luz, sin quitarle la vida. Notarás cómo el miedo comenzará a cesar hasta desaparecer, pues habrás accionado desde al Amor.

5. **Entes Benignos:** del mismo modo que puedes manifestar un monstruo a través del temor, también puedes crear vida en los planos sutiles por medio del Amor, pues recuerda que eres Dios en acción. Del mismo modo como usaste la antropomorfia para crear a tu amigo dinero, también puedes visualizar e incluso describir o plasmar en dibujo lo que estás vislumbrando, para dar vida a un ser de tu propia creación, que nazca con un propósito ligado a tu beneficio o de aquellos que amas. Tú le encomendarás la misión, ya sea de protegerte a ti o a tus familiares, de sanar e incluso de ayudarte a buscar oportunidades. Puedes crear tus propios guardianes, uno para ti, y otro para cada miembro de tu familia, para que les protejan de sus propios temores, llevando a los arcontes de manera automática hacia la luz. Bautízalos y dales el comando de cuidarte a ti o a quien tú desees. Dios imagina y hace real aquello que imagina, y el Mago hace lo mismo, pues sabe que es uno con Dios y que, por lo mismo, puede crear lo que le venga en gana. Si algún día desarrollas clarividencia, podrás ver claramente a estos seres que tú mismo has manifestado.

Así es que ya sabes, eleva tu frecuencia mental para atraer el tipo de entidad o fuerza de la que desees rodearte. Para operar la Magia es necesario dejar de lado la mente de tercer nivel, en la que sólo lo "objetivo" es real. En la Magia todo lo que se elija es real y objetivo. Incluso, el Mago sabe que tiene otros cuerpos, aparte del material, y por lo mismo puede proyectar un segundo cuerpo hacia donde él desee. Esto se conoce como viaje astral o desprendimiento de cuerpo. Cuando lo vivas, no será tu imaginación, esa es Magia también. Practica imaginando al principio, visualiza cómo sales de tu cuerpo y caminas por tu casa, ve a espacios donde haya otras personas y observa lo que hacen o lo que dicen y después pregunta qué se encontraban haciendo o diciendo en ese momento. Si confías en ti y no tratas de controlar el resultado, te sorprenderás. Poco a poco irás dominando esa habilidad.

Ahora, no puedes esperar comenzar a dominar el mundo del espíritu si primero no te demuestras que puedes doblegar la materia. Primero obtén lo que deseas en el mundo físico, comprueba que la materia te obedece, que has dominado el juego en la tierra, para que sepas que el dinero y el poder no pueden corromperte. Dado que el mundo de la Magia nos otorga un gran poder, muchas veces al temer lo que seamos capaces de hacer con ello dada nuestra naturaleza humana y al egoísmo que estamos acostumbrados a ver, tendemos a bloquear esas habilidades para evitar ver lo peor de nosotros surgir. Pero como dijimos antes, requieres atravesar tus miedos para dejar de darles poder, y ¿cómo te demostrarás que lo puedes vencer?, ¿cómo vas a saber si eres o no corruptible, si no tienes jamás el poder en tus manos? No lo tienes aún porque siempre le has temido, pero ahora conoces qué significa el Amor, y si Él es tu Dios, no podrás extraviarte. La única forma de probarte es con el poder en tus manos, ¿lo pides?, ¿lo quieres? Entonces sigamos avanzando...

Toma tu biblia para que veas cuál es el Segundo Mandamiento de la Magia, busca Éxodo, capítulo 20, versículo 4. En resumen: *"No te representes a Dios mediante imágenes"*. Dios es una fuerza, es una energía. Siéntela en ti, vívela en tus células y en tu Alma. Pues la certeza de esa fuerza en ti es lo que te dará todo el poder mágico, el poder de la Divinidad. Nada más que eso podrá entregártelo. Si confías en una estampita, en un amuleto o en un objeto de cualquier tipo, ¿qué vas a hacer si se te pierde? Creer en figuritas no es maldad, pero te lleva a dudar de tu propia Divinidad, al confiar en dioses ajenos a ti.

Si tienes una figura y le rezas pidiéndole algo con gran devoción y fe, puede que te resulte lo que has pedido. Lo que ignoras es que fue tu certeza la que actuó, la imagen fue sólo un apoyo, pero como siempre, tú mismo desencadenaste la fuerza necesaria para obtener lo que querías, no la estatuilla ni la estampita. Fue tu Fuerza Divina Interior, y mucha más fuerza vas a desencadenar si actúas desde la autoridad de tu mundo, que eres tú mismo.

Por ejemplo, ¿ubicas a esas personas que atienden pacientes que sanan "milagrosamente"? Incluyendo a aquellos de la medicina tradicional también. Ellos tienen conocimientos y apoyos, como títulos, diplomados, herramientas, experiencia, pero, sobre todo, tienen certeza, con eso es con lo que sanan a otros en realidad. Al verse tan convencidos de que pueden ayudarle, le están entregando esa certeza al paciente, la están traspasando a él para que crea que va a ser sanado. El paciente es convencido y básicamente obedece, pues activa sus propias fuerzas sanadoras para obtener el resultado que buscaba. Por eso no importa qué tantos estudios científicos haya detrás de un medicamento para comprobar que sirve, si la persona que lo consume cree que no surtirá efecto o que le hará daño, eso es justo lo que sucederá al consumirlo. Como ves, es muy importante conocernos a nosotros mismos y por eso la Joya de sanación se llama *Regenerador*, porque regenera la certeza del paciente.

La mente crea aquello en lo que cree, porque creer y crear son frutos del mismo árbol. Creer, crear, elegir y aceptar son cosas muy parecidas, cuatro poderes que son uno. Todos tenemos un Poder Divino que desacreditamos constantemente: *imaginar*. Al todo ser proyección de nuestra consciencia ya deberíamos de entender que imaginar algo es igual de real a lo que estamos percibiendo como "material", lo cual no es más que una proyección más a la que le hemos creado la ilusión de ser "más sólida". Pero entonces, ¿por qué los sueños a los que llamamos vívidos pueden percibirse igual de sólidos?, ¿por qué tus cinco sentidos pueden ser experimentados en tu imaginación? Porque todo es mente. Por eso, el éter, la mente, que es el quinto elemento, rige a los otros cuatro, que componen la materia.

Si tú decidieras, por ejemplo, que quieres ser *Regenerador*, basta con que imagines cómo tu paciente sana, eso te mostrará que es posible, dado que todo lo que ves en tu mente ya existe. Así encontrarás la certeza de que el paciente puede sanar. Sólo elige esa posibilidad y acéptala para que puedas convencer a tu paciente de que se sanará con total certeza, eso creará la salud de tu paciente, sin importar el método que uses. Asegúrate de pronunciar las palabras adecuadas y de sentir la fuerza de Dios fluyendo a través de ti, con la autoridad y el Poder que eso te otorga. Tu certeza la liberará, porque tu fuerza creadora es tan fuerte como tu certeza, y tu certeza será tan grande como tu fidelidad al Amor y tu fe en que Dios opera a través de ti. Esa es la síntesis de la Magia Blanca.

Por todo lo anterior, es que tu mente irradia energía e impregna la materia que te rodea con ella. Por eso es que puedes usar tu imaginación para operar la Magia, sólo ten certeza de que en realidad estás creando y manejando los átomos que forman lo que te rodea, pues eres Dios mismo en acción. Algunos ejemplos de prácticas que puedes llevar a cabo son:

1. *Elixires Mágicos*: lo único que requieres es una botella de cristal transparente y agua. Sólo irradia el agua con energía mental positiva, pronuncia las palabras en voz alta sobre lo que quieres crear e imagina cómo las Fuerzas de Dios fluyen a través de ti, emanando por tus manos y acumulándose en el agua. Crea una botella de agua rejuvenecedora, otra de agua sanadora y todos los juegos que desees jugar. Si son hermosos y benignos, provienen de Dios. Tu certeza te traerá el resultado buscado. Del mismo modo, puedes darte duchas que resulten mágicas, cargando el agua que cae sobre ti como lo harías con aquella de la botella. Toma una ducha de salud, otra de abundancia, incluso una de juventud, belleza o Amor.

2. *Reprográmate a ti mismo*: usa palabras positivas y convenientes acerca de tu personalidad y carácter, que creen una imagen mental diferente de ti. Uno de mis grandes Maestros se decía todos los días viéndose al espejo "tengo veintidós años, tengo veintidós años, tengo veintidós años", hasta llegar al punto en el que al preguntar alguien por su edad en su mente aparecía un veintidós, a pesar de decir su edad real, que para

este momento en que escribo son unos cincuenta y cuatro años. No es broma, el hombre no se ve físicamente mayor a cuarenta años, y lo que es más importante, su energía y vitalidad son de alguien menor a treinta años. Tiene una mejor condición física que muchos jóvenes en sus *veintes* y un cuerpo que todos los hombres de cuarenta años anhelarían tener. Siempre comienza tu día con afirmaciones como "Hoy me irá todo bien; conseguiré aquello que necesito; activaré mi poder creador para atraer mi deseo", y si en tu mente visualizas lo que dices y pones fuerzas, tu Mago Interior comprenderá y actuará de acuerdo con esas órdenes. Si te basas en el Amor y tienes certeza, todo funcionará maravillosamente.

3. *Reprograma y sana a otros*: del mismo modo que puedes reprogramarte a ti mismo con palabras positivas, puedes hacerlo con terceros. Incluso existe un término psicológico para esto, que es "reforzamiento conductual". Hay dos formas de llevarlo a cabo, el primero es el que usan los psicólogos, que es hacer notar a la otra persona que aprecias su comportamiento, en el momento en el que está siendo de cierta manera contigo. Pero el segundo camino, que es el mágico, es mucho más poderoso. Dile a la persona que buscas reprogramar lo que quieres que crea, sin importar que no coincida con sus acciones. Si tu esposo es muy gruñón, dile en varias ocasiones que te encanta verlo sonreír, que sientes que su vibra es más alegre, que te da gusto que ande de mejor humor. Verás cómo su conducta comenzará a transformarse, porque empezará a preguntarse la razón de que veas eso en él, y sin darse cuenta,

pondrá más atención en su propio carácter. Él mismo se reprogramará porque querrá buscar eso que tanto aprecias ver en él. Cuando quieras sanar a alguien, haz lo mismo. Dile que está mejorando, que cada día se ve más sano, que te da gusto verlo con mejor pinta. El efecto será el mismo, sobre todo en los niños, que confían plenamente en los adultos y más, si son sus padres. Cuando sanes enfermos, de cuerpo o mente, protégelos dentro de tu burbuja impenetrable. Los enfermos de Alma tienen sugestiones muy negativas. Retíraselas poco a poco, con delicadeza y cuidado, una por una. Trabaja con mucho Amor y ternura, pues tú ya sabes mucho, ellos no. Trata incluso a los adultos, como si fueran niños.

4. *Campos de Protección*: así como en las películas de superhéroes, tú también puedes crear campos de fuerza. Sólo visualiza una esfera o cúpula de luz impenetrable de un blanco vibrante, que rodee tu casa, tu auto, a ti o a cualquier otra persona. Tus palabras le darán la materialidad necesaria. Lo que la mente imagina y crea, se hace real en otros planos, donde actúan las Fuerzas. Con la palabra se precipitan y entran en contacto con el plano material. Mi madre, quien sabe mucho de estas prácticas, nos contaba una anécdota fantástica que compartiré con ustedes: En alguna ocasión se encontraban ella y mi padre en una boda muy opulenta. Como he mencionado, mi padre era un hombre muy exitoso y bien acomodado, por lo que traían con ellos objetos de un valor muy alto, joyas, relojes de marcas prestigiosas hechos de oro, e incluso mi madre tenía puesto un abrigo de *mink* de color negro. De

pronto, como en las películas, entraron unos enmascarados con armas al salón, gritando "¡todos al suelo!", para empezar a recolectar objetos de todas las personas que habían asistido al evento. Mi madre inmediatamente visualizó cómo una esfera de luz blanca la rodeaba y empezó a repetir incansablemente: "Soy invisible, nadie me puede tocar", mientras escuchaba cómo a mi padre le pedían su reloj, su anillo de casado y todo lo que pudieran quitarle. Cuando los ladrones se retiraron, mi madre alzó la cabeza, intacta y volteó a ver a mi padre, quien se encontraba completamente desplumado. Cuando mi padre le preguntó qué había hecho y ella le contó, mi padre sólo exclamó: ¡¿y por qué no extendiste tu esfera hacia mí?!

5. *Limpiar Espacios u Objetos*: imagina que una esponja cualquiera se carga de poder mágico y literalmente limpia con ella cualquier objeto o espacio que desees, ya sea tu oficina, tu negocio o tu casa. Recórrela y déjala impecable, radiante, llena de Dios. También puedes adelantarte un poco dentro de los niveles de la Magia y usar el Fuego Violeta. Visualiza cómo este fuego emana de tus manos, y teniendo una temperatura fresca, pues es cósmico, envuelve tus alimentos o el objeto que quieras limpiar. También puedes imaginar un incendio de llamas color violeta en un espacio para limpiarlo de cualquier tipo de energía negativa que se encuentre por ahí.

6. *Escudo Energético:* Puedes crear también un pararrayos de color blanco o violeta que regrese toda energía negativa que te sea enviada de

vuelta a su origen. Ya sea envidias, insultos, maldiciones y cualquier otro tipo de pensamiento o intención que pudiese llegar a dañarte. De este modo, tu energía siempre estará protegida.

7. *Seres Benignos*: finalmente, como comentamos antes, crea seres que te asistan para obtener aquello que quieras en la vida. Pueden ser gigantes guardianes revestidos con una espada de luz, invisibles, pero reales. Pon uno a cada miembro de tu familia. Ellos son entidades positivas que tú puedes crear. En la medida en que los actives con tu fe y Amor, vivirán. Puedes crear también un médico blanco para que sane o cuide a quien tú desees, sólo trátalo con Amor. Incluso puedes crear un amigo dorado que te ayude a detectar oportunidades que te traigan una mayor riqueza.

Conforme vayas practicando, te irás volviendo más sensible, hasta que llegue un punto en el que podrás ver las oleadas vibratorias de tu propio poder mágico o en general, porque toda la gente emite ondas. Entorna un poco los ojos y enfoca tu vista más allá de la persona que miras, calma tus pensamientos y observa. ¿Has visto el "humito" que se eleva sobre la cabeza de la gente? Un campo de color grisáceo que la rodea. Un poco después de la puesta de sol, observa contra el cielo a una persona que pase, con la práctica podrás empezar a distinguir los colores en el aura de la gente. Cada color representa una vibración que emite una energía distinta. Puedes usar la analogía para comprenderlos, pues todo lo que se presenta en un determinado color, emana esa misma energía, por eso lo vemos así. Basta con que observes la naturaleza y relaciones lo que te transmite de acuerdo a sus colores. Pero ojo, toda vibración tiene dos polos, uno negativo y otro positivo, por lo que cada color puede representar una de dos cosas. La forma en la que percibas la energía te hará saber exactamente qué está sucediendo. Sólo pon atención en si te es cómoda o no. Si se siente ligera, está cargada del lado positivo; si se siente pesada, está del lado negativo. Te voy a dar una guía rápida de cuáles son las energías que emana cada color, para que puedas reconocerlas e incluso elegir tus colores a mayor consciencia a partir de ahora:

1. *Azul:*   Fuerza, equilibrio, Voluntad, Confianza // Tempestad.
2. *Amarillo:* Conocimiento, Sabiduría, Iluminación // Arrogancia.
3. *Rojo:*   Vitalidad, Pasión, Determinación // Lujuria, Violencia.
4. *Rosa:*   Ternura, Amor, Delicadeza // Debilidad Viril (Masculina).
5. *Blanco:*   Pureza, Protección, Integración, Consciencia // Frialdad.
6. *Verde:*   Salud, Verdad, Enfoque // Envidia, Traición al Dios Interior.
7. *Naranja:*   Servicio, Resurrección, Devoción Mística // Fanatismo.
8. *Violeta:*   Transformación, Limpieza, Perdón // Vanidad Espiritual.
9. *Negro:*   Respeto, Humildad, Conexión // Tristeza, Pesimismo.

Sólo recuerda que el poder es interior, y que no dependes de los colores para cargarte de cierta energía. Los colores sirven como apoyo, pero un ciego que jamás haya visto un color, si tiene certeza, logrará lo que quiere.

Ahora, debes saber que la Felicidad también es una energía. Tú la tienes dentro de ti, para liberarla no necesitas siquiera la realización de tus anhelos. ¿Para qué esperar a que estén hechos para ser feliz? Si el tiempo no existe, significa que sólo en el presente puedes elegir que esa energía emane de tu interior, y este tipo de Magia sólo funciona cuando el corazón está feliz. Pero si la mente cree de verdad que la Magia funciona, el corazón debe estar feliz. Entonces la Magia funciona. Si quieres realizar tus deseos para ser feliz, no resultará. Elige ser feliz primero, y todos tus anhelos se realizarán, porque la Magia Blanca es el fruto de la Felicidad que brinda el Amor, y la energía de la Felicidad es la más poderosa del mundo, porque es el Amor en su más elevada vibración. Entrar en ese estado de Ser, según la Teoría de Cuerdas, debería acomodar el terreno para que lo que anhelas se presente frente a ti.

Así es que, obsérvate constantemente, incluso con el tiempo notarás que hay siete zonas de tu cuerpo de las que provienen las diferentes energías. De siete zonas tuyas se emiten siete vibraciones distintas. Observa muy bien tus gestos, porque ellos denotan la clase de energía que estás emitiendo. Más adelante descubrirás también que la respiración encierra un gran poder, pues tus energías son el fuego y tu respiración es el fuelle que las aviva. Muchas cosas fundamentales descubrirás con esta pista, en su debido momento.

Recuerda mantener activa en ti la energía que te generan los siete anhelos que firmaste con tu sangre y no temas modificar algunos si descubres que no eran lo que realmente querías. Si tus anhelos no ayudan a la humanidad, pero tampoco le hacen daño, realízalos, pero colabora también con aquellos que sí sirven a la humanidad, porque en la vida, para recibir hay que dar.

El verdadero Mago entrega su vida a servir a Dios. Si tú te dedicas de corazón a servir a la humanidad, difícilmente se te negará algo. Puedes pensar que basta con ocuparte de ti mismo, con ser cada vez mejor, con evolucionar y superarte, pero ese camino debe llevarte necesariamente a la consciencia de servicio y devoción a los demás. Es cierto que si tú cambias, tu mundo cambiará, pero la mejor manera de demostrar tu cambio, es con tu servicio a la humanidad. Si tú eres el Dios de tu mundo personal, ocúpate de tu mundo personal y actúa, trabaja o ayuda a quienes sí lo hacen. Tu Divinidad sobre tu mundo será tan grande como tu grado de Responsabilidad sobre él. Si quieres encontrar la frecuencia que te llevará al encuentro con un mundo mejor, colabora en la siembra de ese mundo al que quieres llegar. Para encontrarte con un mundo en paz, siembra paz, colaborando en la pacificación de tu mundo personal. No se trata de "grandes cruzadas", sino de que lleves la Luz que ya tienes a donde está la oscuridad. Donde hay violencia, lleva paz. Donde hay odio, lleva Amor. Donde hay temor, lleva fe. Donde hay ignorancia, lleva conocimiento. Donde hay hambre, lleva un pan, pero también una herramienta de trabajo. Predica con tu ejemplo y muestra tus obras, pues *"Por tus obras te conocerán"*, y así, con esas obras, tu mago interior comenzará a obedecerte, porque tú comenzarás a creer en ti. Entonces no te negarás más los deseos de tu corazón y todo tu mundo cambiará, ya que estarás dispuesto a recibir lo más hermoso del Universo.

¿Ahora entiendes este camino?, ¿Ves ahora cómo es importante reconocer tu razón de ser en el mundo y revelar tu joya para realizarte? Tú puedes impactar positivamente a toda la humanidad, si así lo deseas. Ya sea de manera directa o indirecta, ayudando a quienes ya lo están haciendo para empezar. Y cuando elijas hacerlo de manera directa, también lo harás de forma indirecta por el eco que tus acciones harán en toda la tierra. Así es que ve y actúa por el bien de la humanidad y confía en que lo demás llegará por añadidura, ya que Dios suministra de todo lo que necesiten para su labor a aquellos que eligen el camino del Amor.

Bien, Hermana o Hermano. Hemos avanzado un buen trecho desde que pensabas que "el destino" estaba ya trazado y que nadie podía intervenir en "los Planes de Dios", quien estaba "allá arriba". Ahora sabes que "los Planes de Dios", siempre han sido llevarte hacia la Felicidad y a la Libertad. Esos son *tus Planes*, pues ahora sabes que "el destino" es algo que tú mismo eliges, que las líneas de tus manos siempre pueden cambiar, y que las cartas astrológicas pueden ser interpretadas de muchas maneras. Sólo actúa en base a la Ley Universal del Amor, ama incondicionalmente, respeta toda la vida y sírvele con el corazón. Si te llegas a equivocar en el camino, Dios y tus Hermanos Mayores te asistirán para volver a encaminarte, pero mientras mantengas esa consciencia de Amor, lo que se presente para ti será suave, delicado y maravilloso.

Hermana o Hermano, por favor no tengas más en tu poder la hoja con tus anhelos, quémala. Recuerda que aquí trabajamos con objetos materiales sólo al inicio. Además, es prudente evitar la intromisión de energías mentales ajenas, pues ahora vas a llegar al conocimiento más oculto de este libro, aquel que la mente "tercera" no puede comprender. Pero para ello, debes demostrar que estás dispuesto a fluir con la vida y a dejar todo en manos de Dios, porque la realización de tus anhelos debe ser consecuencia de tu felicidad y no al revés. La felicidad está en ti, no en las cosas ni en la obtención de eso que deseas alcanzar. Confía en que aquellos de los planos superiores ya saben qué es lo que quieres y suéltalo, entrégaselo a tu espíritu y goza el presente, porque este es el único lugar en el que puedes disponer del poder de Dios y escuchar *Su voz*, para que pueda guiarte hacia la máxima dicha. Así es que sólo continúa al siguiente capítulo una vez que hayas quemado tu hoja.[1]

---

[1] Los capítulos 9, 10 y 11, así como la ceremonia de desenlace están basados en el libro *El Maravilloso Universo de la Magia*, de Enrique Barrios.

CAPÍTULO 12
LOS PRINCIPIOS UNIVERSALES

Ahora sí vas a recordar cómo fluir con el Universo, para involucrarte en el proceso de creación y que puedas ser enteramente dueño de tu vida. Es por ello que exploraremos los siete principios universales que Hermes Trismegisto dejó como legado para la humanidad. Como mencioné antes, Hermes fue un gran sabio egipcio que vivió aproximadamente en el año 2,000 a.c. Sus enseñanzas marcaron las bases para toda la filosofía de la antigua Grecia y han influido en científicos de gran renombre como Isaac Newton, pues, a fin de cuentas, la ciencia nace al buscar comprobar lo que se intuye por medio de la filosofía.

Hermes es considerado el padre de la Alquimia, pero todas sus enseñanzas se volvieron secretas u ocultas debido a la persecución de los paganos cuando nació la corriente cristiana. Es por ello que de su nombre se deriva la palabra "hermético", refiriéndose a que algo está sellado. El apellido que le dieron significa "el tres veces grande", que por un lado se dice que era porque contaba con el saber que uniría a la filosofía, la ciencia y todas las religiones, pero, por otro lado, se dice que era porque él se sabía una trifecta de cuerpo, mente y espíritu, lo que le daba acceso a poderes que la mente racional no puede llegar a dimensionar. Y la base de su poder, se encontraba en este conocimiento que estás por adquirir. A través de estos siete principios podemos descifrar cómo opera el cosmos, y por lo tanto "*hackearlo*."

PRINCIPIO UNIVERSAL #1: MENTALISMO
"El todo es mente; el universo es mental"

Este puede llegar a ser el más elevado, pero una vez que sea asimilado, los demás fluirán con mucha más facilidad. Todo es mente, porque todo es una proyección de la consciencia. Esto significa que la realidad es adentro de la mente, no afuera. Por eso nuestros pensamientos construyen la realidad. Tan sólo fíjate cómo un sueño es en la mente y puede parecer real, incluso vivirse sensorialmente. Todo es una creación de la mente, incluido esto a lo que tú llamas la "realidad". La única diferencia con los sueños, es que a esta proyección en particular le has creado una continuidad y la idea de que es lo único sólido que existe, pero como veíamos antes, ¿qué no los sueños también llegan a sentirse así de sólidos?

No hay un físico real, todo sucede en la mente. La realidad es que no hay un tangible, sólo lo percibimos así, porque al interactuar nuestros átomos con los átomos que nos rodean (que son energía, una creación más de la mente), se produce un intercambio de información que le indica a nuestro cerebro (que es otra invención de la mente) lo que deberíamos de estar sintiendo, creando la ilusión de materialidad. Pero si tú pusieras un microscopio entre tu cuerpo y aquello que tú crees que estás tocando, te darías cuenta de que en realidad dicho contacto nunca sucede, y que sólo hay un campo electromagnético de información entre tus partículas y las del objeto "ajeno" a ti, intercambiando datos.

La primera vez que yo llegué a este saber, empecé a experimentar mucha ansiedad, porque me pregunté si entonces mis seres queridos y todas las personas que yo creo que son parte de mi vida, en realidad eran una invención mía. Confieso que por poco me vuelvo loco. Pero me adelanto un poco antes de que te suceda a ti también para decirte que no vivimos solos proyectando una ficción, sino que formamos parte de un campo unificado de información, que es creado por la mente colectiva. Puedes investigar más sobre él si buscas sobre los estudios de Thomas W. Campbell, en particular aquellos que hablan sobre el *"Energetic Information Base Reality"*, en donde explica que todo está hecho de átomos, que no son otra cosa más que energía con información, pero no se percibe así, porque toda esa información es interpretada por la mente a velocidades tan altas que no lo alcanzamos a notar, y en cuanto la consciencia codifica la información, aparece la forma. Podemos decir que el mundo allá afuera no existe hasta que tú llegas para interactuar con él. Mientras no haya una consciencia que interprete la información que contienen los átomos, ni siquiera hay un espacio, sólo partículas suspendidas en medio de la nada, portando información que al ser leída por nuestra mente a través de los fotones que llegan a nuestros ojos, generamos que aparezca el paisaje frente a nosotros.

¿Te das cuenta? estamos en una especie de videojuego, el universo funciona bajo los mismos parámetros. ¿Alguna vez has notado que si te acercas demasiado a un muro en un juego de video, se ven sus pixeles? ¡Pues contigo pasa lo mismo! Si observas tu brazo con un lente de aumento lo suficientemente potente, podrás ver tus moléculas, o los átomos que componen tu forma. ¿Recuerdas la palabra *Lilah*, el juego de la consciencia? Ahora puedes ver con mayor claridad de dónde salen todos estos maravillosos conceptos. Y al todo ser un juego de tu consciencia, una proyección de tu mente, por eso la materia te obedece. ¿Recuerdas el experimento de Young de la doble rendija? ¡Ya está más que comprobado! Es por ello que la simple interacción mental causa posibilidades y resultados, porque todo depende de la interpretación del observador.

Nuestro propio cuerpo sólo es energía con información, átomos que se comprimen y unifican su consciencia para crear una sola. Bajo este principio, podemos interpretar a Dios como un ser energético infinito basado en información. De hecho, nosotros somos la Consciencia Universal focalizada, porque todos los electrones contienen la consciencia de Dios. Nosotros sólo somos los puntos focales de una inmensa mente viviente, la cual está poniendo atención en un punto de su basta creación. Como si tú crearas una maqueta del universo y estuvieras viendo un punto específico de la misma. Dios es una gran consciencia que está proyectando todo el universo. Tú sólo eres un sueño de Dios, vives en su imaginación, y tu existencia es tan fugaz frente a su eternidad, que eres como un impulso eléctrico de un gran cerebro. Literalmente lo eres, tu cuerpo es energía, son átomos, ¡ni siquiera es real! No estamos en el mundo, sólo percibimos como si estuviéramos aquí. Proyectamos la sensación de tener un cuerpo para crear la ilusión de individualidad, pero somos Dios jugando a ser nosotros. Los hindúes, así como la palaba *Lilah*, también tienen otra para referirse a la ilusión de la realidad en la que estamos: "*maya*."

Cuando logres asentar este saber de la unidad con Dios o la Consciencia Universal, podrás comprender también la unicidad, el hecho de que todos somos el mismo ser en el fondo. Entonces despertarás grandes habilidades, como las psíquicas, con las que podrás sanarte a ti mismo, pero en "cuerpo ajeno", podrás influir en otros porque su mente será la tuya, sabrás qué es lo que estás pensando desde aquella "otra cabeza tuya" e incluso llegarás a hacer que tus pensamientos viajen de una de tus mentes a otra, que es lo que se conoce como telepatía. También podrás despertar habilidades premonitorias, al entender que el tiempo no existe, que la experiencia lineal es sólo una ilusión más y que en realidad todo está ocurriendo en este preciso momento. El mundo será para ti como un libro, en el que todo está ya escrito y tú podrás abrirlo en la página que desees, ya sea al inicio, a la mitad o al final y conocer diferentes partes de la historia sin tener que leer todas las otras páginas.

PRINCIPIO UNIVERSAL #2: CORRESPONDENCIA
"Como es arriba, es abajo; como es abajo, es arriba"

Este principio puede ayudarnos a alcanzar un mayor entendimiento de todos los planos de existencia, porque nos lleva a comprender que las mismas leyes aplican en todo plano y dimensión, tales como la ley de unidad, la ley del libre albedrío, la ley del amor, la ley de la eternidad, la ley de responsabilidad o la ley de atracción. Todas aplican igual aquí, como en el quinto plano y en todo el universo. Este principio también puede verse aplicado en el Macro y Microcosmos. Sólo observa cómo se ven un huracán y una galaxia. El nacimiento de una célula y la muerte de una estrella. El universo y las neuronas del cerebro humano. Un ojo y una nébula hélix. Todo se parece, porque fue creado del mismo modo, por el mismo Ser, bajo las mismas reglas de diseño. Así lo desconocido se vuelve conocido.

Pero, ¿cómo aplica esto a la vida diaria? Haz el macro y microcosmos más pequeños en la escala. Cambiemos la frase: "Lo que es adentro, es afuera. Lo que es afuera, es adentro". Esto significa que vivimos en un continuo ciclo de percepción y manifestación. Interpretamos y proyectamos de acuerdo a lo que percibimos, así como percibimos de acuerdo a lo que proyectamos. Es un ciclo. Por eso se dice que, para cambiar tu mundo externo, debes empezar por cambiar el interno, porque lo de afuera es proyección de tu interior, es creación de tu mente. Para cambiar tu mundo, sólo cambia tu pensamiento, tu forma de ver hacia afuera, y todo se transformará como por arte de Magia.

PRINCIPIO UNIVERSAL #3: VIBRACIÓN
"Nada descansa; todo se mueve; todo vibra"

Esto quiere decir que los átomos y partículas están en constante movimiento, pues al ojo todo parece fijo, pero vibra a nivel atómico. Los electrones siempre están girando alrededor de los nucléolos de los átomos y la velocidad en que giran es lo que define la vibración.

Por ejemplo, las ondas de luz y de sonido, también son vibraciones. Fíjate cómo puede haber sonidos más graves o agudos. Esto también pasa con la luz, de acuerdo con la vibración de la misma podemos encontrar diferentes tipos de luz que contienen dimensiones hasta el momento imperceptibles para nuestro ojo, pero que sin embargo podríamos llegar a ver si logramos manejar nuestra vibración a consciencia. Por el momento sólo somos sensibles al espectro de color, que proviene de la luz blanca. Pero también existen otros tipos de luz de frecuencia alta como los rayos gamma, los rayos X, y los rayos ultravioleta, así como de frecuencia baja como los rayos infrarrojos, las microondas y las ondas de radio. Este es el principio que nos puede llevar a entender por qué de acuerdo al reajuste de nuestra frecuencia mental, podemos acceder a diferentes mundos o dimensiones, pues la luz que percibimos cambia, dándonos paso a ver ciertas cosas o a dejar de ver otras.

Recuerda que para saber cómo estás vibrando, puedes usar tu cuerpo emocional como un tacómetro. De hecho, la Universidad de Investigación Nuclear Nacional de Rusia, ya ha comprobado que las emociones representan diferentes tipos de vibración. Ellos publicaron en un artículo lo siguiente: "Tres tipos de vibraciones infrasónicas fueron registradas. Las ondas del primer tipo están conectadas con el latido del corazón. Las segundas con el ritmo respiratorio humano. Las terceras, llamadas ondas *Traube-Hering*, con los estados de tensión emocional."

Recordando la Teoría de Cuerdas, ya sabemos que las vibraciones generan olas de probabilidad, porque lo que te rodea se armoniza con tu frecuencia energética. Pero, ¿qué pasaría si en realidad no es que aquello que te rodea se armonice contigo?, sino que más bien al cambiar tu propia vibración, entras en una dimensión donde todo vibra en el canal al que tú acabas de ingresar, como si hubieras cambiado la estación de radio y tu consciencia se hubiera desplazado a otro universo. Tu vibración es la llave a otras dimensiones y es por eso que tu rango de vibración manifiesta cosas diferentes, las hace visibles al transformar el tipo de luz que tus ojos pueden codificar e interpretar. Esa es la razón por la que nuestra vibración "atrae" personas, cosas y eventos. En realidad, las está haciendo visibles ante tus ojos. Pero nunca podrás deshacerte de la polaridad negativa, porque los rangos vibratorios crean nuestra experiencia de aprendizaje y ambos son necesarios en nuestro proceso de maduración. Así es como opera todo el universo, la vibración "destruye" para dar paso a la creación, en un ciclo natural que lleva siempre del caos al orden. Es algo que no se puede evitar, hasta existe una palabra para ello: *entropía*. Todo vuelve a su estado natural, las partículas se reorganizan, porque la materia no se crea ni se destruye, sólo se transforma.

Al entender esto, dejarás de angustiarte por todo y empezarás a usar el caos para sanar interiormente, al nivel del Alma, que es justamente lo que aumenta tu vibración. El Alma sólo puede sanar al encontrar la sabiduría detrás del caos. Todos venimos a aprender, no a sufrir. Sufrimos cuando nos resistimos al ciclo de aprendizaje. Como ves, tu vida tiene un ciclo de flujo vibratorio y todo en el universo sin excepción funciona bajo este principio, porque todo vibra, desde lo material, hasta el espíritu puro o Dios, porque todo es energía.

Ya sabes que en tu vida las emociones positivas indican la escala más alta de vibración, porque nos muestran que estamos cargados de Amor, que es la única energía que existe y lo único que varía es su intensidad. Por eso cuando estamos totalmente cargados de él, nos es posible realizar nuestros anhelos más íntimos, ya que esa frecuencia hace visibles las posibilidades para llegar a materializarlo. Pero a diferencia de lo que pensamos, la vibración más elevada no se experimenta como si nos hubiéramos tomado diez tazas de café, sino todo lo contrario. Cuando vibramos alto, entramos en un estado como de reposo, de calma, en el que podemos encontrar claridad mental, porque el Amor trae paz, la cual es una vibración muy elevada. Por eso todo en el Universo parece estar así, en reposo, inerte. Como cuando una llanta gira a gran velocidad, ¿te has dado cuenta que en cierto punto parece que va más lento hasta que crea la ilusión de no estarse moviendo? Del mismo modo, cuando vibras muy rápido todo parece verse más lento, porque tú vas muy rápido, entonces puedes entrar en un estado de paz interior y encontrar mayores respuestas.

Esto puede verse reflejado en las ondas del cerebro. Si tú vieras en una gráfica sus estados vibratorios, quedaría muy claro a qué me refiero. Las ondas *Beta*, que son las del estado de vigilia, siempre se ven muy aceleradas, pero conforme vamos descendiendo en la actividad cerebral, parecen reducir su intensidad, mientras pasamos por el estado de somnolencia, que es *Alfa*, y el sueño profundo, que es *Delta*. Pero curiosamente, al entrar en *Theta*, las ondas parecen ser mucho más lentas, lo cual es imposible, ya que nos encontramos en el estado mental en el que se producen los sueños vívidos o REM, el cual en teoría es casi igual de acelerado que el estado de vigilia, si no es que más. Y finalmente, tenemos *Gamma*, el estado de la percepción elevada, en el que parece que no hay ondas cerebrales, pues la mente ha entrado en reposo, en calma, a pesar de estar vibrando más rápido que en vigilia, porque es cuando todas las señales eléctricas del cerebro se encienden al unísono, generando que todo se vea como si estuviera en alta definición, ya que estás enteramente presente y parece que has despertado al mundo, percibiendo los colores incluso más vivos. Este es el estado de mente

257

en el que los monjes tibetanos procuran mantenerse, estando siempre en apreciación constante, lo cual les genera un gran gozo y los lleva a maravillarse con todo lo que les rodea. Por eso, este estado se asocia con el Amor y el sentido de Unidad.

Como puedes ver, todo estado mental está acompañado de vibración, porque la energía es el movimiento de la consciencia, es la forma en la que percibimos cómo cambia nuestra frecuencia mental. Según la Teoría de Cuerdas, una porción de esa vibración es arrojada hacia afuera, mimetizando todo lo que nos rodea con nosotros, llegando a afectar otras mentes por "inducción", al mimetizarlos con nuestra vibración, pero la realidad es que eres tú quien se está sincronizando con esa versión de ellos, entrando a un universo en el que resuenan como tú lo estás haciendo en ese momento.

Aunque sí puedes producir efectos como el de la telepatía desde la consciencia de Unicidad, para enviar mensajes a otros y que "se les ocurra una idea". Esta es una habilidad que a mí me gusta usar sólo en casos de emergencia. Como una ocasión en la que mi esposa se encontraba de noche en el supermercado con nuestro hijo mayor, quien tendría por ese entonces unos tres o cuatro años, y de repente recibí una alerta de auxilio desde su teléfono móvil. En esa ocasión recuerdo que se me quiso salir el Alma del cuerpo, pues yo me encontraba en casa con mis otros dos hijos, quienes estaban dormidos y mi esposa no contestaba su teléfono. No sabía si levantarlos y subirlos a la camioneta para arrancarme a ver si estaban bien, ya que en el estacionamiento del lugar en el que se encontraban se decía que se cometían muchos crímenes. Pero antes de reaccionar, imaginé que la alerta podría haberse activado por accidente y empecé a visualizar a mi esposa mientras le enviaba el pensamiento de que se comunicara conmigo si estaba bien. No había pasado ni un minuto cuando sonó mi teléfono. Al contestar y escuchar su voz, mi Alma descansó. En efecto, la alerta se la había disparado sin darse cuenta.

Sí podemos influir en otros por ser uno con ellos, y más allá de la sincronicidad, sí podemos controlar vibraciones mentales, tanto propias como ajenas. Por eso es tan importante saber reconocer los tonos vibratorios, conociendo el nombre de las emociones, pues los estados mentales pueden ser reproducidos tal como una nota musical. Las emociones no son más que nombres con los que se ha etiquetado a diferentes rangos de vibración, que al igual que los trastes de una guitarra, nos sirven como anclajes de frecuencia.

Si logras entender esto, podrás polarizar tu mente a cualquier rango que desees, tocando la nota vibratoria correspondiente, para crear la emoción que buscas en ti en un instante. Y del mismo modo, podrás polarizar la mente de otros. Entre más los conozcas, más bueno serás en ese juego, pues ya sabrás qué tipo de cosas generan diferentes energías en ellos. Por ejemplo, yo ya sé que mi esposa "se pone de buenas" cuando escucha música *Country*. Si está de mal humor, basta con que le ponga música y a los pocos segundos comenzará a bailar y a cantar, su energía cambiará por completo.

Con el tiempo, conforme más domines este juego, bastará con tu simple presencia para que todo un grupo de personas eleven su energía en cuanto entres a una habitación, al mimetizar su frecuencia con la tuya.

PRINCIPIO UNIVERSAL #4: POLARIDAD

"Todo es dual; todo tiene dos polos; todo tiene sus opuestos; semejante y desemejante son lo mismo; los opuestos son idénticos en naturaleza, pero diferentes en grado: los extremos se encuentran; todas las verdades no son sino medias verdades; todas las paradojas pueden ser reconciliadas."

Esto quiere decir que los polos son los extremos de un mismo concepto, por ejemplo: frío y calor son los extremos de la temperatura, que es una sola cosa. Por ende, los opuestos son una ilusión, porque se unen en el centro y ese punto de unión es subjetivo, está sujeto en su totalidad al juicio, porque eres tú quien decide en qué punto comienza el frío o el calor.

Somos nosotros quienes calificamos los extremos según nuestra percepción de la realidad, pero nada es absoluto, es sólo que nosotros juzgamos en polos las cosas, como bueno o malo, correcto e incorrecto, posible o imposible, *chairo* o *fifí* (chiste mexicano). Lo genial de esta noción, es que el ser conscientes de ella puede cambiar nuestra realidad, ya que nos permite transformar nuestra interpretación al saber que hay otro lado de la moneda, y que todo aquello que no nos gusta siempre tiene otro punto de vista. Es como nos hizo ver a mi esposa y a mí un psicólogo: "si no se sienten tomados en cuenta el uno por el otro, dense cuenta de que es su consciencia la que está saturada con esa idea, poniendo atención sólo a los momentos en los que parecen ser invisibles y no valorados. ¿Por qué no empiezan mejor a dirigir su atención a aquellos momentos en los que sí se sienten valorados, importantes y tomados en cuenta el uno por el otro?"

Basta con transformar tu percepción, para que puedas balancear tu energía, porque si no te está agradando el polo en el que vibras, ¡puedes cambiarlo! Sólo se requiere una elección tuya de ver las cosas desde otro ángulo, pues siempre tendrás el otro lado a tu disposición.

La consciencia del Amor, que es a la que te encuentras despertando, te llevará a darte cuenta de que los polos son una ilusión, mientras que posteriormente, cuando alcances la consciencia de Unidad, podrás trascenderlos en su totalidad. Los alquimistas usaban una figura que plasmaba este conocimiento, la cual es bastante famosa, porque se encuentra en todos los billetes de un dólar. Seguro alguna vez has visto ahí una pirámide con un ojo. "El ojo que todo lo ve; el ojo de Dios que nos vigila", dirán los paranoicos. Nada más alejado de la realidad, ese símbolo se llama *El Ojo de la Providencia*, y proviene desde el antiguo Egipto, cuando era conocido como *El Ojo de Horus*, que representaba la Verdad, el Don de Dios y la Resurrección. La Verdad de que no hay dualidad, el Don de Dios, que es el punto de vista del Amor y la Resurrección o el despertar del Ser, para retornar a la Unidad con Dios.

El Ojo de la Providencia, es en realidad una modernización del antiguo símbolo egipcio, que representa con mucha más claridad el mensaje. La base del triángulo muestra la polaridad, el mundo dual. El ojo es despertar a una percepción más elevada, que es la del Espíritu o Dios, siendo representado por la punta de arriba del triángulo. Desde ahí arriba, desde los ojos del Amor más puro, puedes vislumbrar que los polos en realidad se unen en el centro.

Cuando entras en la consciencia de Amor y Unidad, se acaba el juicio, ya no hay bueno o malo, las cosas simplemente son. Se dice que así viven en el quinto plano de existencia, lo único que diferencia la existencia de allí con la de aquí, es que no existe el juicio. Ahí sólo hay aceptación, aprendizaje y libertad para vivir el Amor más puro. Si alguna vez lees *Ami: el niño de las estrellas*, de Enrique Barrios, te encontrarás con un planeta al que le llaman Ofir, el cual viene a representar precisamente como es la vida en el quinto plano, al cual tendremos acceso cuando nuestra consciencia resuene con la de los seres que ahí viven.

Por lo pronto lo que podemos hacer es practicar con los juicios, quitando la noción de maldad o la extrema idealización del bien, para ver a los demás tal como lo que somos nosotros, seres humanos imperfectos en proceso de aprendizaje y evolución. Así es como te moverás a la consciencia de Unicidad, en la cual te darás cuenta de que servir a otros es igual a servirte a ti mismo, porque literalmente tú y los demás son el mismo ser en el fondo.

Es como si todos fuéramos células de un inmenso cuerpo que es el de Dios. De nada le sirve al cuerpo que una sola de sus células se vuelva súper eficiente y poderosa, si no lleva a las demás al mismo nivel de rendimiento. Sólo la evolución y el despertar del máximo potencial de todas las células del cuerpo en conjunto, pueden traerle un mayor bienestar.

PRINCIPIO UNIVERSAL #5: RITMO

"Todo fluye, fuera y dentro; todo tiene sus mareas; todas las cosas suben y bajan; la oscilación del péndulo se manifiesta en todo; la medida de la oscilación hacia la derecha es la medida de la oscilación hacia la izquierda; el ritmo compensa"

Todo ocurre en un ciclo rítmico que tiende a repetirse en todo el universo, pues al todo repetirse, es la forma en que podemos reconocer los patrones y anticipar el resultado de ciertas situaciones. Por una parte, esta es la razón por la que Dios es Omnisciente y sabe qué es lo que va a pasar siempre, debido a que todo es cíclico. Por ejemplo: si una civilización se alza y cae, seguida por otra, una tercera y así sucesivamente, podemos saber qué va a pasar en cada ocasión, con mini-variaciones, pero el resultado está más que claro.

El ritmo sirve para aprender y obtener experiencia. Es como cuando el Maestro Miyagi le decía a Daniel San, en Karate Kid, que limpiara los autos haciendo círculos con las manos o que pintara la cerca con ciertos movimientos repetitivos, pues la repetición crea memoria y esa memoria trae sabiduría interior. De hecho, ese es el principal propósito de la reencarnación, porque entre más vasta es la experiencia, mayor es la consciencia. Es por ello que la creación se experimenta a sí misma en ciclos rítmicos, buscando expandirse cada vez más. Fíjate cómo la realidad se basa en leyes que se repiten a sí mismas: el día y la noche, las estaciones, incluso este principio se ve en las olas del mar.

El péndulo siempre está oscilando entre los dos polos existentes y esto incluye los extremos de frecuencias vibratorias, algo que podemos percibir en los estados de ánimo, que son igualmente cíclicos y repetitivos. En veces entramos en reposo, sintiéndonos drenados de energía y en otras ocasiones estamos activos, llenos de vitalidad. Lo importante es siempre tener presente que a medida que el péndulo vaya hacia la izquierda, irá hacia la derecha.

A mí me gusta verlo también como si fuera un trampolín, que requiere hundirse para lanzarte hacia arriba, o como un arco que requiere tensión para disparar la flecha, pero esta no va a ir a ningún lado mientras no liberes la resistencia. ¿Te fijas qué interesante? Pues esto aplica a la vida diaria también. Es inevitable entrar en periodos de caos, el problema es que si te resistes a ellos, los vas a sufrir inmensamente. En cambio, si entiendes que es algo que va a pasar quieras o no, y te enfocas en ver qué aprendizaje puede dejarte, vas a salir disparado afuera de ahí más rápidamente. Recuerda la entropía, el universo requiere el caos para crear, de la misma manera que tú necesitas la sabiduría que te trae para re-crearte.

El problema es que cuando resistimos esa energía, nos quedamos estancados ahí. Hay una frase que dice "lo que resistes, persiste". Sólo genera más de lo mismo, lo prolonga. Y lo que tendemos a resistir no son los buenos momentos, sino el caos, generando que se vuelva mucho más prolongado. Por eso llegamos a sentir que los tiempos alegres parecen ser fugaces, muy cortos, porque fluimos a través de ellos con más facilidad, y como nos son muy gratos, no apegamos a ellos, queremos que sean eternos. Por eso cuando llega el caos nos resistimos a él, pues quisiéramos que lo agradable se mantuviera.

Hay una historia de un rey que tenía un anillo muy hermoso, y quería grabarle una frase significativa, por lo que pidió a un sabio que le recomendara una. Él le dijo que le escribiera: *"esto también pasará"*. El rey hizo caso, aunque no lo comprendió del todo, hasta una ocasión en la que su reino se encontraba en guerra, trayendo hambre y mucho dolor a su gente. Entonces se acordó de la frase del anillo y se sintió tranquilo. Pero una vez terminada la guerra, mientras todo el reino celebraba, el sabio se acercó al rey en medio de un banquete y le dijo que leyera la frase del anillo. El rey, consternado, se lo quitó para leer: *"esto también pasará"*.

No nos podemos apegar a los buenos momentos, porque indudablemente sufriremos cuando el caos llegue a tocar a nuestra puerta, y hay que estar siempre preparados para su llegada.

Cuando aceptamos el caos, podemos usarlo a nuestro favor, de otro modo ni siquiera vamos a poder encontrar la salida. Sólo debemos ser conscientes de nuestro ritmo y accionar en base a cómo sentimos nuestra energía. Cuando ésta se sienta densa, no significa que sea un momento para sufrir, al contrario, es un momento que podemos aprovechar para encontrar paz.

Sólo pregúntate "¿qué quiero hacer en este momento?", si la respuesta es leer, caminar, dormir o ver una película, haz eso sin juzgarte. Eso generará que tengas la mente en calma, en reposo, y que alcances una mayor claridad o cierta inspiración que te permita salir de ahí rápidamente, encaminándote a posibilidades mucho más expansivas. El dolor y el sufrimiento llega cuando nos resistimos a nuestro propio flujo de energía. Si no lo respetas, todo será pesado, pues querrás accionar con energía que de momento no tienes.

Pero recuerda siempre que, si la energía oscila bajo, es porque vienen tiempos mejores. Si hay una pandemia en el mundo, emociónate porque viene un cambio de consciencia para el colectivo. Si tu ingreso baja, emociónate en lugar de angustiarte, porque quiere decir que va a aumentar, sólo está agarrando vuelito. Después de la contracción, viene la expansión. Nada más ten siempre presente que la vida en el universo surgió de una explosión.

El caos está ahí para recordarnos que hay cosas maravillosas en nuestra vida, sin él no las apreciaríamos igual. En veces requerimos la oscuridad para valorar la luz, la noche para valorar el sol, y el frío para valorar el calor. Conocer el dolor es lo que nos permite re-conocer el júbilo, que es nuestro estado natural, pero debemos dejarlo ir para apreciarlo y valorarlo. El caos nos lleva a reencontrarnos con nosotros mismos y a reinventarnos, así es que mejor convierte la sombra en aprendizaje, porque la polaridad de energía negativa sirve para recibir del universo, como veremos más adelante. Después de este capítulo, podrás crear un equilibrio en tu propio ritmo y usarlo en tu proceso de manifestación.

Si tú quisieras "hacer trampa" y conocer tu propio ritmo vibratorio, está marcado por tu nacimiento. Apóyate en la astrología o en el *Tzolkin Maya*, así podrás anticiparte a tu flujo energético y prepararte para accionar en base a él. Pero si te fijas, la mayor bondad de este principio es que te ayuda a ver el caos con otros ojos y a desarrollar auto-compasión para no ser tan duro contigo mismo, porque al alcanzar este entendimiento de que el caos es algo natural en la vida, puedes comenzar a comprenderte y dejar de juzgarte.

PRINCIPIO UNIVERSAL #6: CAUSACIÓN

"Toda causa tiene su efecto; todo efecto tiene su causa; todo sucede de acuerdo con la ley; casualidad no es sino un nombre para la ley no reconocida; hay muchos planos de causación, pero nada se escapa de la ley."

Dice Hermes que el azar no es más que un nombre para la ley no reconocida, pues no existe el azar, absolutamente todo es causado. Todo tiene causa y efecto, hasta un pensamiento, pues influye en tus acciones y eso genera un movimiento en el universo. Además, recuerda que la materia obedece a la mente, y desde esa premisa, todo es causado por la mente.

Incluso, al "no hacer nada" estás causando algo, porque es una elección que viene de tu mente. Imagina que alguien en peligro necesite tu ayuda y tú eliges no hacer nada al respecto. Tal vez te gusta una persona que desearías que fuera tu pareja, pero eliges no hacer nada. Quizá quieres un puesto de trabajo, pero eliges no hacer nada. ¿Te fijas como en todos los casos estás causando algo? Sin embargo, lo genial del principio de causación, es que nos permite ver que podemos ser la causa en lugar del efecto, y así adueñarnos de nuestra realidad por medio de la responsabilidad, retomando todo nuestro poder al alcanzar una consciencia en la que ya no haya más victimes o mala suerte, sino elección.

¿Te das cuenta del poder que esto te entrega? ¡Pues te permite jugar en vez de ser jugado!

Tú siempre tienes el poder de decir sí o no, de acuerdo a aquello que te acercará más a lo que anhelas en la vida. Sólo ten claro a dónde quieres llegar y elige en base a ello. Esa será la causa para generar el efecto deseado. El "sí" y el "no" son decretos muy poderosos, ya que son las palabras que usamos para autorizar todo aquello que queremos que entre a nuestro universo personal, y lo que tú aceptas, lo creas con tu aceptación. Está en ti el poner límites. El poder para cambiar las cosas siempre ha estado adentro de ti, no afuera.

Ahora, ya sabes que ayudar a otros tiene un efecto dentro y fuera de ti, porque de entrada el beneficiar a otros, preparará cientos de caminos que pueden llevarte a una gran dicha, ya que esas mismas personas a las que sirvas pueden abrirte oportunidades en reciprocidad. Sin mencionar el efecto energético que esto te traerá al crear "buen Karma", así nivelarás tus culpas al sentir que has ayudado a otros, y te dejarás de limitar a ti mismo al momento de recibir. Ya sabes que *"mal karma"* sólo es la culpa que sientes en el fondo del corazón cada vez que haces daño a otros, y ese es otro efecto que se genera en ti en base a tus acciones, porque te lleva a castigarte y auto-limitarte. Pero tú puedes elegir no ser afectado por esas causas, puedes erradicar el Karma de tu vida, si aprendes de tus propias causas y efectos. Si algo no te funciona, ¡cámbialo! A fin de cuentas, el poder de elección es tuyo. Se trata de aprender, para eso estamos aquí, y para erradicar el "mal karma", basta con que aprendas a perdonarte a ti mismo. No seas efecto del entorno, sé la causa de tu mundo.

PRINCIPIO UNIVERSAL #7: GÉNERO
"El género está en todo; todo tiene sus principios masculino y femenino: se manifiesta en todos los planos."

Hermes no se refiere al sexo biológico con esa palabra, el término proviene de "generar", y la generación se hace posible dentro de un proceso que involucra los dos polos energéticos, que son el masculino y el femenino, los cuales como sabemos se unen para crear vida.

Pero no es un principio que aplique únicamente al binarismo humano, son formas de energía, que incluso se manifiestan en los hemisferios del cerebro, siendo el izquierdo regido por la energía masculina, ya que es el lado racional, y el derecho por la energía femenina, que es el lado creativo. Y esto no es algo que aplique solamente en lo biológico, el género está presente incluso en la corriente eléctrica.

En una batería, el polo negativo representa la energía femenina, mientras el polo positivo, la masculina, y esta es la mejor forma de ejemplificar cómo funcionan estas dos energías, que son a su vez el Yin y el Yang. Si no eres ingeniero eléctrico, probablemente nunca te has detenido a pensar cómo funciona una batería, pero para eso tienes este libro en tus manos, para reflexionar sobre cosas como estas. Fíjate, cuando tú presionas algún botón de un control remoto, éste se nutre de la carga que contiene la batería para desempeñar una acción, y el polo del que toma esa energía es del positivo (el masculino), mientras el sobrante de la energía que salió y no fue utilizada retorna a la batería por el polo negativo (femenino).

Ese flujo energético también podemos vivenciarlo los humanos, pues la energía femenina es la que nos lleva a recibir del universo, principalmente de manera interior, que es lo que se conoce como "impresiones" o abundancia de mente, la cual tiene que ver con la intuición, las ideas, las emociones o la inspiración. Por otro lado, la masculina nos conduce a retribuir al universo en base a lo que hemos recibido, por medio de la expresión del Ser en el mundo exterior, que tiene que ver con la acción, el realizar, el ejecutar tareas y el servir.

Cuando mezclas este proceso, entras en el flujo de manifestación o creación universal, pues creas en la mente a través de la inspiración que te trae la energía femenina y materializas al accionar y realizar ciertas actividades que te lleven a plasmar en el mundo lo que primero viste en tu mente. En el ciclo de manifestación, el péndulo siempre oscila entre la inspiración (del inglés "*inspiration*": *in-spirit*, que en español significa "en espíritu"), y la expresión. Tenemos ideas con el hemisferio derecho y las aterrizamos con el izquierdo. Recibimos por medio del derecho y retribuimos con el izquierdo. Creamos en la mente por medio de la inspiración que recibimos del universo y materializamos por medio de la acción que desempeñamos con nuestro cuerpo físico, al ser operado por la mente racional, que es la que nos permite comprender cómo funciona el mundo. Toda la creación requiere que haya un flujo de energía entre ambos polos. ¿Cómo crees tú que creó Dios el Universo? Tuvo que imaginarlo primero, para después materializarlo. No hay otro modo de hacerlo posible, como es abajo es arriba y como es arriba es abajo. El proceso de creación es igual en todos los planos de existencia, incluido el de Dios. Todo es un flujo de inspiración y expresión. Cuando hay caos nos impulsa a tener ideas para accionar y traer orden. La paz trae claridad mental que nos permite encontrar respuestas y accionar en base a ellas.

Tu ritmo siempre está oscilando entre estas dos polaridades, por eso a veces sueñas con lo que anhelas y en otras ocasiones estás ejecutando, accionando para llegar a materializar aquello que ves en tu mente. Lo genial de este asunto es que si lo dividiéramos en porcentajes, veríamos que es un 99% intención y un 1% porciento acción, ya que se trata de fluir con el universo. Con que llegue a ti la inspiración, todo se acomodará para que el proceso de la acción conlleve el menor esfuerzo posible. Sólo céntrate en el presente y permite que las fuerzas universales preparen el terreno, tú sólo requieres usar tu energía para caminar sobre él y decir "Sí" a las posibilidades que se presenten frente a ti.

Helena Blavatsky, en su *Doctrina Secreta*, explica que las tinieblas representan la energía femenina, que es la consciencia pura, el mundo increado, el Universo sin estrellas o el éter, el plano de la mente. Mientras que la luz representa la energía masculina, el mundo de la materia, pues cuando hay estrellas que emiten luz quiere decir que ya hay creación, pero esa creación tuvo que surgir de la mente, de la consciencia. Todo es un flujo de contracción y expansión energética, de introspección y expresión. Así es como opera todo el cosmos, así es como crea la Divinidad, pues a esto se le conoce como el *Hálito Divino*, la respiración de Dios, como si fuera un pulmón que se expande y se contrae, marcando el ritmo para toda la vida. Si tú quieres ser dueño de tu universo personal, opera igual que la Divinidad. Escucha en todo momento la voz de Dios adentro de ti, por medio de tu propio flujo energético.

Si en algún momento tienes un gran sueño a futuro, siéntete emocionado porque es la sugerencia de destino que te está presentando Dios, pero no te obsesiones con la imagen, presta atención a tu ritmo aquí y ahora, eso es lo que te encaminará a que en el eterno presente cíclico en el que habitas, eventualmente aparezca aquello que visualizaste. Eso es la manifestación, generar que en el presente de repente se materialicen las cosas que tanto soñamos. Pregúntate en todo momento: "¿qué quiero hacer aquí y ahora?, ¿qué me es ligero? Y no juzgues tus deseos, haz lo que te dicte tu corazón, porque es en los momentos de relajación en los que llega la mayor inspiración, y en los momentos de gran energía en los que somos más productivos. No te resistas a tu propio flujo de energía, deja de etiquetarte como perezoso y comienza a respetarte. Tu vida será mucho más alegre y llevadera, y te sorprenderás cuando todo lo que anhelas llegue a ti sin esfuerzo alguno.

El Arte de la Alquimia puede resumirse en estos siete principios, que repasaré de forma muy breve, para que veas como se relacionan todos entre sí, en un mismo proceso:

1. *Mentalismo*: el universo es mental, todo es proyección de tu mente.
2. *Correspondencia*: según como interpreto el mundo, es como lo proyecto.
3. *Vibración*: mi interpretación del mundo depende de cómo estoy vibrando.
4. *Polaridad*: al saber que hay otro polo, puedo transformar mi interpretación.
5. *Ritmo*: en la vida siempre habrá caos, es algo que no podemos evitar.
6. *Causación*: yo elijo si cruzo por las piedras del río con temor o con alegría.
7. *Género*: el caos es necesario para recibir sabiduría e inspiración para crear.

Si te fijas, la Alquimia tiene que ver simplemente con ver el mundo con otros ojos, se trata de ponerle un filtro de amor a la realidad para cambiar nuestra interpretación sobre los eventos que antes nos traían sufrimiento. Si aprendes a ver el mundo desde otro ángulo, este se transformará para ti como por arte de Magia.

Por eso, cambiar tu mente cambia tu mundo personal, pues todo es una proyección de tu consciencia.

Tú eliges qué quieres ver.

DESENLACE

Has llegado al final de este libro, eso significa que estás listo para fluir con el universo y crear la historia que más te apetezca en tu Universo Personal. Pero no podemos despedirnos sin primero formalizar tu título de Mago, pues es momento de que uses los poderes que has recuperado, para servir a quienes te rodean. Es por ello que ya no serás más un Iniciado, sino un Mago Aprendiz. Aprendiz, porque requieres mantener tu humildad para seguir incorporando sabiduría a tu vida, después de todo, estás en este mundo para crecer, y sólo podrás seguir evolucionando mientras estés dispuesto a seguir aprendiendo. Así es que por favor ve a portar tus vestiduras de color blanco. Trae contigo tu veladora blanca con algo para apagarla, ya que no deberás soplarle, y ten a la mano el cintillo de cordón trenzado de color rojo. Si no posees aún los objetos, consíguelos antes de seguir leyendo.

A continuación, llevarás a cabo una ceremonia en la presencia de una agrupación de luz, que tiene sus orígenes en otro plano de existencia. Esta Orden de la que hablo es muy grande y antigua, existe incluso desde antes de que surgiera la civilización humana, ya que se compone de fuerzas, consciencias universales que poseen un gran poder y sabiduría. La mayoría de los grandes Maestros de Sabiduría que han pisado la Tierra han formado parte de ella, y hoy, si tú lo eliges, podrás ser declarado Caballero o Dama de esta Orden, pero para ello requieres hacer un juramento sagrado e inviolable, debido a que el poder que tienes, el potencial de despertar el conocimiento adquirido hasta ahora, deberá ser operado únicamente desde el Amor más puro. Esta ceremonia tendrá lugar en diferentes planos de existencia. Tú prepararás todo en el plano material, pero los mundos etéreos también participarán en ella. Ten presente que te acompañarán grandes consciencias que pertenecen al sendero del Amor mientras la realizas, ellas serán tus testigos y se encargarán de guiarte para que cumplas tu juramento. Esto no es un juego, lo que va a suceder es real y tú podrás sentir su presencia claramente, así es que realízala con respeto, devoción y fe.

Este paso que darás, no será a través de tu forma humana, sino desde tu misma Alma, significando que tu elección trascenderá esta vida que conoces ahora, para ser reconocido en el universo entero como un servidor de la Luz. Si haces tu juramento con el corazón, recibirás una gran asistencia y protección por parte de estas magnánimas fuerzas cósmicas, lo que te convertirá en alguien muy especial, pues te llevará a elevar tu nivel de consciencia a niveles que tal vez nunca imaginaste que fueran posibles para un ser humano.

Esta nueva consciencia te abrirá las puertas, por supuesto, a una mayor calidad de vida. Las posibilidades que estarán al alcance de tu mano a partir de este momento te encaminarán a la realización de todo lo que siempre has anhelado y mucho más que eso. Sin embargo, es imprescindible que no cuentes a otros lo que harás a continuación. Recuerda que aquí trabajamos con energías mentales, y que toda la gente emite energías mentales, elevadas o bajas. La duda, es una clase de energía y las energías mentales más fuertes, opacan a las más débiles. No permitas que la consciencia que recibas a través de esta experiencia, te sea arrebatada por la intromisión de mentes ajenas. Sobre todo, recuerda que tu libro está cargado con tu energía y que resuena con tu consciencia, por lo que no es aconsejable que lo prestes. Puedes recomendar a otros adquirir uno propio, por supuesto, pero que nunca tomen el tuyo, ni permitas que lo fotocopien, ya que su registro energético se verá afectado.

Asegúrate de encontrarte en pulcritud y de vestir tu ropa de color blanco, portando el cintillo amarillo. Coloca la veladora encendida frente a ti con el cintillo rojo a un lado suyo y crea un ambiente de recogimiento, sólo a la luz del fuego de tu veladora. A partir de este momento, te encuentras en dos mundos. Observa cómo en el plano etéreo se ha encendido una luz sobre un altar, la cual simboliza lo más sagrado de tu interior. Aquiétate. Pon las manos sobre tu corazón y colócate de rodillas, si es que crees estar ante la Presencia de Dios. Respirando profundo y calmadamente un par de veces y poniendo tu Ser interior en tus palabras, repite en voz alta tres veces:

Yo Soy Dios actuando ahora.

Yo Soy Dios actuando ahora.

Yo Soy Dios actuando ahora.

Comienza a sentir cómo unas grandes fuerzas o consciencias de la luz se hacen presentes a tu alrededor. Han sido invocadas al percibir tu intención de llevar a cabo esta ceremonia. Percibe su armoniosa disposición de acompañarte y ser testigos de este gran paso que estás a punto de dar. Ahí, frente a ellos, di en voz alta:

"Juro servir a la humanidad toda mi vida, en la medida de mi capacidad y mi libre voluntad. No seré causa de conflicto, violencia o sufrimiento para nadie. Exaltaré la consciencia de paz, hermandad, unidad y amor."

Y percibe cómo una de estas grandes consciencias de la luz, a la cual puedes visualizar como un hermoso sacerdote blanco, se acerca y se pone de pie frente a ti. Observa que tiene una radiante espada en la mano y que con ella te da un suave golpe sobre un hombro. Vas a ser declarado Caballero o Dama de esta orden, al servicio de Dios y de la Humanidad. Di en voz alta:

"Juro no utilizar el poder que reciba para hacer daño. Si tal cosa llego a hacer, pido a Dios que me corrija para que no sea yo una causa de dolor en el mundo."

Siente el segundo golpe de la espada del sumo sacerdore, sobre tu otro hombro. Respira profundo y pasa a la parte final de tu juramento. Di en voz alta:

"Juro no revelar los secretos de esta enseñanza a quien no sea digno de ellos."

Siente el tercer golpe de espada, esta vez sobre tu cabeza, y permanece ahí unos segundos, con los ojos cerrados y en silencio, mientras comprendes el paso que has dado. Si has hecho todo de corazón, serás tutelado por esta Orden. Todo un privilegio. Mientras actúes acorde al amor, contarás con la protección y guía de las fuerzas que conforman esta agrupación.

¡Enhorabuena! ¡Bienvenido, hermano, hermana!

Los grandes seres que te rodean aplauden y te miran con una gran sonrisa. Ponte de pie y recibe el abrazo fraterno de quienes te rodean en el plano etéreo. Sólo aquellos que están listos para vibrar en la cuarta dimensión de conciencia, que es la frecuencia del Amor, donde se encuentra lo más maravilloso del Universo, son capaces de llevar a cabo esta ceremonia. Extiende tu gratitud a todos los grandes seres de Luz que están presentes y retira el cordón amarillo de tu cintura, para portar ahora el de color rojo. Ese nuevo cintillo, representa el Amor, la mayor Fuerza Universal con la que tú eres Uno. Mientras lo portes, tu resonancia será elevada y por lo tanto, tu percepción del mundo será la del Amor, que es Dios. Úsalo para servir, sobre todo al hacerlo por medio de la Magia. Haz una reverencia para honrar a las grandes consciencias que te acompañaron en este hermoso momento y apaga tu veladora, sin soplarle, mientras pronuncias las siguientes palabras:

"Su luz resplandece dentro de mí".

Y que así sea.

¡Oficiamente, eres un mago! Ahora ya sabes que todo el poder está en tu mente y que tu certeza, sobre todo de que Dios opera a través de ti, es lo que activa tus fuerzas creadoras.

Ya sabes cómo escuchar la voz de la Divinidad en ti, la cual se expresa a través de tu Corazón, así como que el único dueño de tu mente y tu energía, eres tú. Juega, no permitas que otros jueguen contigo, tú tienes el poder de elección, por eso Dios te entregó Libre Albedrío. Dios, tu Padre, que es el Amor más puro que existe, quiere entregarte a manos llenas, sólo basta con que estés dispuesto a recibir y materializarás todo lo que figure en tu mente. No existe dios ajeno o fuerza externa a ti, que sea más poderosa que tú, tenlo presente de ahora en adelante. Tú, como Mago, tienes incluso un poder de influencia mayor sobre la mente colectiva. Usa ese poder para bien, en beneficio de toda la humanidad y confía en que Dios te suministrará de todo lo que requieras para llevar a cabo su Plan Divino. Entrega tu Joya a los demás, y cree firmemente que estás aquí para realizar un propósito mayor, pues tú eres genuinamente capaz de tocar con tu luz cada vida del planeta, si así lo eliges.

El viaje no termina aquí, este es sólo el inicio de tu proceso alquímico, aún hay mucho por recorrer, mucho por aprender, mucha sabiduría que alcanzar. Ten certeza de que serás guiado en este proceso. Mientras te dediques a servir al Amor, Él será tu brújula y pondrá frente a ti lo que requieras para seguir evolucionando. Deja que todo llegue a ti, confía en Dios y confía en ti mismo, pues Dios opera a través de ti. Por ahora, es momento de que emprendas tu camino de servicio, ten fe en que estas grandes fuerzas universales, e incluso yo, te acompañaremos en consciencia en todo momento. Cada vez que algo de lo leído aquí resuene en tu mente, sabrás que es porque me estoy haciendo presente. Esta experiencia nos liga en Amor, al ser ambos ahora colaboradores y servidores de la Luz. Hasta que nuestras consciencias coincidan nuevamente, querido Hermano o Hermana Aprendiz.

Made in the USA
Middletown, DE
10 March 2022

62394695R00156